# 物理前概念与解题心智

陈庆军　吴能平 ◎ 编著

安徽师范大学出版社

·芜湖·

责任编辑:孔令清

装帧设计:黄　洁

**图书在版编目(CIP)数据**

物理前概念与解题心智/陈庆军,吴能平编著. — 芜湖:安徽师范大学出版社,2017.9

ISBN 978-7-5676-2904-2

Ⅰ.①物… Ⅱ.①陈… ②吴… Ⅲ.①课堂教学—教学研究—中学 Ⅳ.①G632.421

中国版本图书馆CIP数据核字(2017)第119244号

# 物理前概念与解题心智

陈庆军　　吴能平◎编著

出版发行:安徽师范大学出版社

芜湖市九华南路189号安徽师范大学花津校区　　邮政编码:241002

网　　　址:http://www.ahnupress.com/

发 行 部:0553-3883578　5910327　5910310(传真)　E-mail:asdcbsfxb@126.com

印　　　刷:虎彩印艺股份有限公司

版　　　次:2017年9月第1版

印　　　次:2017年9月第1次印刷

规　　　格:787 mm×1092 mm　1/16

印　　　张:10.25

字　　　数:170千字

书　　　号:ISBN 978-7-5676-2904-2

定　　　价:28.80元

# 序

　　随着教育改革的深化,我县的教学科研也发生了很大的变化,一些新的教学形式如微课、翻转课堂已应用到了课堂教学中,同时一些学校对课堂的教学形式也作了一些探索。特别是课题研究,各校都开展得轰轰烈烈,取得了一定的研究成果,并在日常教学中加以推广和应用,对教学质量的提高起到了很好的促进作用。虽有的课题研究还在进一步跟踪,以弥补原来研究中的不足,但毋庸置疑,课题研究中也出现了一些值得我们思考的地方,现提出来和各位同仁讨论。

## (一)课题研究中"仰望星空"的现象比较普遍

　　教师在申报课题的初期,热情很高,查找了一大堆资料,摘录了很多研究的理论依据。于是乎将这些从网上找来的东西罗列在一起,显得言之凿凿,论点充分,一定会研究出某种模式,而且这种模式会很大,大有在全国推广之势,至少也会在全县乃至全市推广。显然,这种课题研究早期"仰望星空"的现象是相当普遍的。

　　可一旦课题立项后,一看课题研究要几年才做完,他们便立即松懈下来,开始的热情被懒惰所取代,以至于连一份像样的开题报告都不能完成。要知道,开题报告就是研究课题的计划,计划写不好,就不能明确研究的内容和研究的过程,那么怎么能把课题做好?

　　其实,我们做课题不是要"仰望星空",而是要脚踏实地。做课题的目的是提高自身的素质,增长自己的内涵,以便更好地教学。对查找的资料必须做一番分析、论证,梳理出要研究的适合学校特点的研究内容。哪怕是很小的一个点,都是有价值的。

### (二)课题研究不够扎实

近几年,我了解了一些课题的结题情况,发现不少的课题研究过程不够扎实,既没有研究好课题内容,也没有研究课题内容是否切合实际;甚至有的课题根本没有研究,只是等时间到了,几个人匆匆地从网上再次查找资料,按不太规范的范式草草写成结题报告,就所谓地完成了课题研究。

有的结题报告满篇假话、大话、空话,没有具体的研究内容,有的还颠三倒四,甚至课题的成果和研究的内容几乎不沾边,只是把一些成员所写的教研论文用来充数。

一份好的开题报告,就确定了课题的研究方向。如果课题组成员扎扎实实地进行研究,充实研究的材料,在规定的时间内一直关注研究的问题,那么结题时一定是言之有物,材料翔实,老师们也一定会在研究过程中得到很大的提高。

当然,造成这种假、大、空局面的课题研究,教育行政主管部门也有一定的责任。宽松的结题环境,较低的结题要求,甚至对某些课题的结题时间一再拖延,使得某些老师认为不需要扎实的研究也能很轻松地应付课题结题。

### (三)课题研究并不神秘

相对于专家,教师其实具有得天独厚的课题研究优势。教师身处教学第一线,天天与学生打交道,与各种教育现象打交道,积累了丰富的感性认识、实践经验和第一手材料。同时,他们也直接面临着各种教育困惑和难题,对教育中的各种弊端和陋习深有体会,迫切希望改变。

课题研究,首先要有课题。那么,课题从哪儿来?课题从实践中来!课题从课堂中来!课题是为教学服务的,一线教师在日常的教学中遇到的各种困惑、疑难和新发现就是课题,思考、研究如何解决这些问题就是课题研究。没有问题就没有课题,所以教师首先要纠正对课题研究的认识误区。同时,实践是检验真理的唯一标准,教师是各种理论和教育思潮的直接检验者,对其正确性与可行性最有发言权。在这种检验中,又会促成新思考,发现新问题,产生新课题。教师只要加强理论学习,把自己的经验、教训、心得加以提炼升华,上升到具有普遍指导意义的思想高度,从而指导更大范围的实践,就是最好的研究成果和社会效益。课题研究是教师专业化成长的最有效途径。

## (四)端正对课题研究的认识

学校领导和老师要明确中小学的教育科研是为了促进学校、学生和教师的发展,尤其是促进学生和教师的发展。教育科研的核心是为学生可持续发展服务,是为教师的专业成长服务。选取的课题应紧密联系学校的教育教学实际,结合教师的自身情况,并具有一定的实际价值和可行性,有利于培养学校精神,形成办学特色,又适合教师研究,能促进教师成长。也就是要把教育教学实践工作中经常遇到的难点、重点、热点和关键点,作为教育科研的选题,把教育科研的立足点和出发点放在教育教学实践问题的研究上。研究的问题来自教师的教育教学实践,既容易激发教师的研究兴趣与欲望,而且研究也容易见成效。实施课题研究过程,就是将课题研究方案付诸实施,将纸上的文字变为实际行动,最终成为现实的过程。这对促进教师从"教书匠"向专家型、研究型教师转变,具有重大的意义和作用。开展课题研究是培养学者型、科研型教师,是促进其专业成长发展的必要途径和重要形式。

为此,必须注意课题选取和课题方案制订,做到课题小而实在,富有新意。教育行政部门要加强对课题研究的切实领导,加强对课题研究过程中出现的各种不健康现象的正确引导。教师也要克服各种急功近利的现象,使教育科研扎扎实实开展下去,使个人的专业成长和学校的教学质量得以明显提高。

## (五)出版本书的意义

本书是在省级课题"物理前概念对高中学生解题心智影响的研究"的基础上通过筛选、整理而成,其中有很多篇幅是课题组成员多年教学研究的成果。这些成果大多发表在物理期刊上,并且有很多成果被人大资料中心转载并收藏。从研究的成果上看,本书有很多教育、教学思想可以为其他学科借鉴。

课题研究能促进教学方式的改变。采用新的教学法(提问、阅读、讨论、讲练),充分发挥学生的主体作用,在课堂上给学生充足的时间思考并合作讨论,这样能调动学生学习的积极性,有效地提高课堂教学的质量。

课题研究能促进教师本身的发展。在研究过程中,课题组成员阅读了大量的教育学、心理学著作，提升了自身的理论水平。在相互交流中，他们相互探讨，彼此之间取长补短，极大地提高了教学水平和科研水平。同时，课题组成员间的学习交流，也影响了身边的教师，促进他们的学习和教学水平的提升。而且通过校内、校际交流，在全县课题推广中进行示范教学，许多教师意识到改变教学方式的必要性和重要性。

课题研究能促进学校的教学研究，促进校领导对课题研究的重视，引起更多教师的关注。校领导要求各教研组切实抓好教研活动，改变过去教师完全是"教书匠"的现象。各教研组积极行动，认真组织本组教师参加课题研究活动，形成了教、研相结合的良好风气。

课题研究在促使教师教学行为改变的同时，也悄然地使学生学习的兴趣发生了变化。我相信，通过本书的出版，我县的教育科研氛围会更加浓厚，教学质量会进一步提高，一大批优秀教师会脱颖而出。

郭茂红

2017年9月

# 前　言

　　新课程改革的核心理念是"以学生发展为本,基于学生发展,关注学生发展,为了学生发展"。新课程标准确立了知识与技能、过程与方法以及情感态度与价值观三位一体的课程目标。新的课程理念和目标对教师提出了更高的要求,教师不仅仅是传道授业的解惑者,还是学生学习的促进者,教育教学的研究者。

　　目前,世界各国开始关注学生的核心素养,并构建相应的核心素养模型。如以世界经济合作与发展组织为代表的成功生活取向型模型,以联合国教科文组织为代表的终身学习取向型模型,以新加坡为代表的个人发展取向型模型,还有以美国为代表的混合取向型模型等。无论表述如何,目的只有一个,那就是教育要促进人的发展,要使个体获得终身发展和社会发展需要的必备品格和关键能力。

　　在传统的教学中,教学活动和研究活动是彼此分离的。教师的任务只是教学,研究被认为是专家们的"专利"。教师的教学大多是重复旧经验,照搬老方法。这种教学与研究的脱节,对教师的发展和教学的发展是极其不利的,已不能适应新课程的要求,必须要加以改变。新课程要求:教师在教学过程中,应以一个研究者的身份置身于教学情境中,用研究者的眼光分析教学理论和实践问题,反思自己的行为,积累经验,探索规律性的认识。

　　为了适应新课程改革的需要,对于处在教育改革第一线的教师,应该把教学与研究有机地融为一体,由教书匠转变为教育教学的研究者。可喜的是,经过这几年的努力,教师研究教学的热情大大提高了,很多教师从身边的教学现象开始,从小事做起,一步一个脚印,逐渐地思考并研究教学中的一些深层次问题,如农村留守儿童的教育问题,乡土文化的传承问题,学生的问题意识问题,分层教学问题等。

　　然而,新课程改革已经进行了多年,广大教师也热心地投入到教学研究中,研究的成果不谓不丰富,但其影响都局限于一个很小的范围内,没有发挥出应有的作用。就以物理学科为例,很多教师在教学中总结了许多好的经验,研究了解决问题的方法,但由于种种原因,知晓者、践行者大都限于经验总结者、方法探索者或一校范围内,没有得到很好的交流和应用。

　　由于物理学科体系严密、概念抽象,故物理难学、难教的局面依然存在。在学生眼里,物理为何如此之难呢? 研究者发现,一个很重要的原因是学生头脑中存在着太多的物理前概念以及受其影响的心智模式,它们非常顽固,难以消除。虽然国内外很多专家学者和物理教师对物理前概念进行了深入的研究,但综观这些研究,它们主要集中在前概念对学生学习科学概念的影响及干预措施上,对物理解题心智影响的研究却很少,而学生解题的心智模式更是鲜有人问津。

　　物理难学已是不争的事实,尤其是解题,普遍令教师和学生感到头疼。从本质上来说,解题属于程序性知识,在现代认知心理学中属于"问题解决"的范畴,它与知识的建构是两种不同的认知过程。解题的过程需要学生运用原有的知识经验,将当前的问题情境同化到已有的经验结构中;但原有的知识经验却不能原封不动地套用,而要根据当前的具体问题,对原有的知识进行调整、监控,顺应于当前的问题情境。

　　研究者在研究和观察学生解物理题时发现,学生解题时所学习的物理知识不能被迅速激活,他们的解题心智深深地受到了物理前概念的影响。通过查阅相关的文献,我们发现物理前概念的研究基本限于对科学概念的影响及干预措施上,而物理解题的研究虽然很多,但大多集中在问题的表征、解题的策略、解题的思维障碍,以及专家与新手解题能力的差异等方面,而故物理前概念对学生解题心智影响的研究寥若晨星。

　　物理前概念如何影响学生的解题心智呢? 通过观察学生解题、与学生晤谈、学生口语报告、进行实验教学等,并经过分析,我们得出:物理前概念影响了学生解题思维的起点、方向、过程和结果。同时,我们对产生这种影响的原因作了分析,认为这种影响是顽固的,时间一长形成了一种惯性,形成了固定的思维定势,所以一旦解题,这种定势就自然而然地从头脑中走到了前台,影响了解题的思维过程和结果,即物理前概念影响了解题的心智模式。

如何在教学中改变这一顽固性问题呢? 研究者进行了教学实验,并参照已有的研究成果提出了解决这一问题的策略,即提高学生的思维质量,提高学生学习的兴趣,提升学生的科学素养。这是个原则问题,具体的做法是:第一,把镜子转向自己;第二,尝试教学法;第三,建立题型中心图式系统;第四,顺向加工策略;第五,梯度练习;第六,元认知监控。学生解错题已不单是物理知识掌握不牢固、粗心、训练量不足等原因导致的,物理前概念对学生解题心智也有着很大的影响。长期以来,人们习惯于对学生解题进行强化训练,希望通过大量的机械练习,让学生强行记住物理的题型、方法和技巧,在考试时不犯低级的错误,但是收效甚微,局面俨然难以改观。这是由于人们认识上陷入了误区,忽视了学生头脑中的物理前概念对解题心智的影响,没能对症下药。

物理前概念对解题心智有着重大影响,这就要求教师在平时的教学中,要及时发现学生头脑中的前概念,并创造条件消除学生已有的前概念。在概念的建立过程中,多让学生提出问题,暴露思维的起点,弄清学生的思路和错误所在,以便进行针对性的辅导,让学生在"同化"和"顺应"中自主构建知识。在这一点上,解题的过程和学生获得知识的过程恰恰是相通的。

本书揭示了物理前概念影响学生解题心智的特点,提出了解决问题的方法,还给出了改善学生受物理前概念影响的解题心智教学策略。故本书可以指导学生解题,教会学生用科学的思维方式去思考问题,还可以促进学生有效地进行物理学习,激发学生学习物理的兴趣,提高学生用物理知识解决问题的能力。

虽然本书主要是研究物理教学中存在的问题,但研究问题的方法,得出的一些结论和做法,对其他学科的教学仍有参考意义,因为前概念在各学科教学中是普遍存在的。本书是我县首次将教学研究成果公开出版,开创了我县教育的先例,这对我县今后教学科研的发展和教学质量的提高具有重要的促进作用。

陈庆军

2017年9月

# 目　录

# 物理前概念的相关术语及研究方法

自20世纪70年代以来,国外广泛兴起了对儿童在自然科学领域所具有的前概念的研究。到了20世纪80年代,美国、加拿大、新西兰等西方国家对前概念的研究迅猛发展,至今仍是热点。我国从20世纪90年代开始,陆续有研究者将国外的研究成果介绍到国内,并采用美国广泛使用的力的概念测试(Force Concept Inventory,简称FCI)和戴维德等人设计的电磁场概念调查问卷(the Conceptual Survey of Electricity and Magnetism,简称CSEM),进行了问卷调查,得出了许多有价值的结论。同时,国内的研究者发现国外的测试问卷不完全适用于中国学生。所以,在国外相关研究的基础上,我国学者尝试用新的方法进行了实验研究,并取得了可喜的成绩。

## 一、国内外对物理前概念的研究

### (一)国外对物理前概念的研究

西方学者研究前概念的主要理论是建构主义,代表人物有皮亚杰、维果斯基、奥苏伯尔等。其基本的观点是:学生头脑中不是一片空白,他们在学习科学概念之前已经在头脑中储存了一些直觉和日常的概念,并建构了个体特定的认知图式;即使有些问题他们从没有做过,也没有现成的可以借鉴的经验,但是一旦新的问题出现在他们的面前时,个体往往是基于过去的经验,依据他们的认知能力对新问题给以解释或提出假设,即建构新的图式。

Clement在抛硬币实验的研究中发现,88%的被试者认为,上抛的硬币受到两个力的作用:一个是硬币的重力,另一个是抛力;硬币上升时抛力大于重力,下降时重力大于抛力。Thomtom和Sokoloff也利用抛硬币问题对240名俄勒冈州大学的物理专业学生进行了教学前测试,学生的正确率也只有10%。

华盛顿大学教育研究小组在利用"图像和轨迹"软件测试时发现，很多学生认为 $s-t$ 图像就是物体运动的实际轨迹。McDermott 和 Shaffer 在研究中发现，学生对于电流概念的理解会受到"流"的影响，有的学生认为越靠近电源正极的元件其流过的电流越大，位于后面的元件得到的电流是前面元件用完剩下的。很多学生认为灯泡和其他的用电器，是让电流"流进"并将电流消耗的终端设备，而并不只是让电流流过。还有其他的许多研究，也证明了物理前概念广泛存在于学生的头脑中。

Heuvelen 认为，拥有前概念的学生，他们看到的只是弹簧、绳子、斜面、滑车等问题中的实物，而不能像物理学家那样看到问题背后的物理概念。Hestenes 和 Wells 等人也意识到，前概念的存在使得学生听不懂物理课，从而导致他们强行记忆一些没有关联的片段，做着没有意义的作业，所以很多学生有厌学情绪。

罗莎琳德·德赖弗、埃迪特·格娜、安德烈·蒂贝吉思等人综合了世界各地对物理前概念的研究成果，并出版了《科学概念——学生是怎样理解的》一书。书中对物理前概念论述了三个特点：个人性、不一致性、顽固性，对物理前概念如何影响学习的过程提出了"框框结构"模型，并对其产生的原因作了深入剖析。这些原因包括：①感性支配思想；②限定注视；③注视变化而不注视稳定状态；④线性因果推理。最后，对如何促进概念学习提出了几个有效干预措施：①为学生创立他们自己的概念提供机会；②引进差异性事件；③苏格拉底式提问；④促进一系列概念系统的产生等。

杜伊特提出教学前概念，即在教学之前已拥有的概念，并将它分为错误概念和前概念。

从国外有关的文献资料来看，国外对物理前概念的研究经历了从现象的研究，到原因、心理机制的分析，发展到对教学的影响及有效干预这么几个阶段。

(二)国内对物理前概念的研究

我国对物理前概念的研究起步较晚，开始是介绍国外对前概念研究的成果，后来一些学者结合我国物理教学的实际进行了广泛研究。

廖伯琴、贺晓霞运用"口语析误"法，对物理前概念进行了干预实验研究。

其基本思路是:将物理教学与现实的科学发展及日常生活现象结合起来,帮助学生自己去发现意义,发展学生的批判性思维能力。这一模式的教学关键在于,充分利用学生所犯错误作为其教学资源,在发现错误中掌握物理概念。此方法与传统教学模式有两个显著差异。一是在传统的教学模式中,老师讲题和学生答题时均以公式推导为主;而本模式则采用语言表述,思路解释与公式推导相结合。二是在传统的教学模式中,注重的是正向引导学生,奖励正确,惩罚错误,教师注重正确的讲解和示范,惟恐给学生展示了错误,使他们混淆了对概念的掌握;而本模式则要求教师有意在讲解中设置错误,尤其是关键之处,充分利用学生所犯错误来培养学生的批判性思维能力,变以前的被试式、顺应式教学为主动式、批判式教学。

赵强、刘炳升对物理前概念产生的心理途径及其特点作了深入的研究,指出前概念在学生头脑中表现得广泛而顽固,对学生形成与掌握科学的物理概念有极大影响。而且,他们还根据建构主义的教学思想,提出了如何帮助学生有效转变前概念和建构科学概念的策略。

郭平生等人对大一学生力学相异构想作了调查,得出不同于力学科学概念的13个概念点,分析了相异构想产生的原因,提出了教学转变策略。孟秀兰、鲁增贤对中美两国中学生在物理电路部分存在的典型错误概念进行了调查研究,分析了产生的原因,并比较了两国学生在相同知识上产生错误概念的异同。黄敏兴对广州两所中学的部分学生进行了有关磁场前概念的调查研究,得出高中学生在磁场方面存在的前概念及其产生原因。杜军义对高中学生在力、热、光、电等方面存在的认识进行了研究,揭示了学生的前概念及产生相异构想的原因,并提出了相应的教学策略。沈金林对高中学生在分子运动理论方面存在的前概念进行了调查,分析了产生相异构想的原因,提出了对教学的启示。郭玉英、卢俊梅翻译的英国里兹大学儿童科学学习研究组 P.H. Scon,H.M.Asoko 和 R.H.Driver 撰写的《为概念转变而教》的策略综述,阐述了促进概念转变的策略和以发展学生与科学观点相一致的认识为基础的教学策略,并阐述了概念转变教学中的理论问题。

丛立新、史磊、吕旭其提出了干预学生前概念的教学模式,即提出采用前概念外显、认知冲突、概念澄清、变式练习等一系列策略。乔际平在其《物理学习心理学》中阐述了物理前概念的特点、前概念与物理学习的关系等。

从国内的研究和表述上来看,研究的方向主要集中在前概念的形成原因及其教学干预措施上或者转变前概念的教学策略上,而前概念对学生解题心智影响的研究很少,且鲜有论述。

## 二、物理前概念及其特征

### (一)前概念的内涵

张小静在《高中力学前概念及其转变的实验研究》一文中指出:学生在学习前由长期的日常经验形成的对事物和现象的看法和观念称为前概念;这些观念有些与科学的理解基本一致,有些与科学的理解相违背,我们把后者称为错误概念或相异概念或相异构想。

赵强和刘炳升在《建构与前概念》一文中指出:前概念是前科学概念的简称,建构主义认知心理学又形象地称之为日常概念,它是指个体在没有接受正式的科学概念教育之前,对日常生活中所感知的现象,通过长期的经验积累与辨别式学习而形成的对事物的非本质的认识。

程传满、余兰山、肖发新在《物理前概念及其教学策略》一文中指出:前概念是学生在学习系统科学知识之前,头脑中对于该系统中的客观事物已经形成的概念、规律、思想方法、逻辑素质等的总和。学生在学习物理知识之前,对各种物理现象便已有了自己的认识和理解,并形成了一些与科学知识相悖或不尽一致的观念和规则,这就是物理前概念。

综上所述,不同的专家学者尽管对此有不同的名称和不同的界定,但基本上内涵相近,即学生在接受正规的科学教育之前由长期的日常经验形成的对事物、现象的看法和观念,或是学生在学习科学知识之前头脑中已形成的"概念"或认识。

在本次研究中,我们还将学生在学习新知识前,头脑中对原有知识不正确的理解,也纳入了前概念的范畴。因此,本研究界定的物理前概念是指学生在系统学习物理知识之前,或是在学习物理新知识之前,头脑中原有的与之相关的认识和认知模式。这种认识和认知模式影响了学生的思维基础,也就是说,前概念深深地影响了学生解题思维的起点、方向、过程和结果。

## (二)前概念的特征

通过对国内外物理前概念研究成果的梳理,再结合我们的研究,总结出物理前概念具有如下特征:

### 1.广泛性

学生在接受正式的物理教育之前,对日常生活中有关物理现象都有自己特定的理解,这一理解包罗万象,在力、热、电、光、原子等物理学的各分支中都存在着前概念。一个初二的学生初次接触物理知识时,凭着多年的生活经验,在头脑中自发形成的前概念就有很广泛的范围。例如:照镜子——光的反射,平面镜成像;用放大镜看书——光的折射,透镜成像;烧水——沸腾;晒衣服——蒸发;坐在前进中的汽车里看到树向后退——运动的相对性等。但是,这种广泛性也是相对的,要建立在生动、具体、直观的基础之上。也就是说,学生对在生活中经常接触到、看得见、摸得着的事物容易形成较多的前概念,对于很少接触又很抽象的(如微观的、宇观的)事物,则很少有相应的前概念。所以,初中学生对电场、电动势、相位、电磁振荡等几乎没有什么前概念。

### 2.顽固性

由于前概念是学生的长期生活经验对现象的反映并在头脑中积累而形成的,且长期的日常生活经验与观察又反复加强了这些概念,因此前概念在学生头脑中印象深刻,可谓根深蒂固。国内外物理教育界近年来的一些研究表明:一旦学生对某些物理现象形成了前概念,要想加以转变是极其困难的,尤其是那些在人类科学认识史上经历曲折历程的前概念。例如,物理学中的"惯性"概念就是如此。在物理教学中,那种认为只需要"正面"传授知识学生就能理解,且如果他们仍不理解,可以多讲几遍就能达到目的的观点,实践证明是过于简单化、理想化了。因为在日常生活经验中,很多学生早已有了与亚里士多德的"力是维持运动的原因"的理论相类似的概念(或观念)。如果让他们叙述惯性的概念,他们往往能倒背如流,而让他们运用惯性去解释一些问题时,他们又往往用前概念的经验去解释。

常听教师抱怨学生不能正确理解其反复强调的知识,事实上众多先入为主的前概念是学生"屡教不改"的根源之一。为什么学生头脑中的前概念如此顽固？虽然在课堂上教师也给出了正确的概念，但学生却不会轻易放弃自己的错误概念，因为他们认为这些观点在现实世界中确实很好用，并且看起来可以"正确"地解释生活中的一些现象。因此，很多学生只记住在课堂上学习到的"事实"，并在考试中重复使用，但生活中他们又继续使用自己前概念的经验。而事实上，他们还没有能力区分科学概念和生活经验之间的质的差别。

### 3. 自发性

学生头脑中的前概念，源于个体长期大量的日常生活中的观察和经验。这些经验在他们的头脑中逐渐深化、发展，经过感觉、知觉、表象阶段，最终形成概念（图式）。学生在其头脑中形成前概念时，完全是自发的，没有人教他们这个问题应该是这样，那个问题应该是那样，他们完全凭自己的头脑进行建构。比如，大部分学生看到踢出去的足球能继续在草地上滚动，当没有人或现成的经验告诉他们为什么时，他们会自己去解释这个现象：足球是受到了冲力才会继续向前滚动的。

### 4. 隐蔽性

当学生对某一物理现象形成观念时，由于学生年龄和思维能力的限制，这种观念通常处于一种模糊状态，它是学生心灵深处一种朦胧的意识，学生往往难于用自己的语言表达清楚，但是它作为一种观念仍有其实质性的内容。当教师讲授某种知识时，如果不是专门与前概念联系起来比较的话，那么在学生的头脑中经常会出现两种观念"和平共处"的情况。面对简单的问题时，科学知识常常占据主导地位，前概念则隐蔽着。而遇到复杂的问题时，科学知识往往抵挡不住前概念，前概念就会自然而然地跳出来。例如，利用牛顿第三定律解释拔河比赛甲队为什么能战胜乙队，一部分学生便会脱口而出："甲队拉乙队的力大于乙队拉甲队的力。"有一些学生，他们在听课时往往不能自觉地把所学知识与自己头脑中的错误观念联系起来进行"思想交锋"，过后头脑中仍是"两极观念俱在，各派各的用场"，而在关键时刻，错误的观念还会时不时跳出来影响问题的解决，这就是前概念的隐蔽性。

### 5.反复性

前概念的反复性表现在:学生经过学习正确地理解了一些物理概念,过了一段时间后再遇到类似的问题时,受到先前概念的影响又会对该概念产生模糊的认识。这与前概念的反复性和其顽固性密切相关。如高一的学生,他们学习了惯性,了解了力不是维持物体运动的原因,但是,过一段时间后,学生解决竖直上抛运动物体受力分析时,一些学生会不知不觉地画出向上的力。因为他们认为物体向上运动应受到向上的力,此时教师不提醒,他们便把学习过的惯性知识丢到了一边。

### 6.层次复杂性

学生在理解事物的意义时,总是以自己的经验和知识背景为基础,因而不同的学生看到事物的不同方面,这表现出不同年龄阶段或同年龄阶段的不同层次的学生,对相同的物理问题有不同形式的前概念。如:在商场中,人站在电梯上随电梯一起斜向上运动。而用摩擦力解释这一现象时,有的学生认为摩擦力的方向沿着电梯斜向上,因为人随着电梯斜向上运动,应该受到一个沿斜面向上的力;有的学生认为摩擦力的方向沿斜面向下,因为他认为摩擦力总是阻碍物体的运动;也有的学生认为人不受摩擦力的作用,因为人站在电梯上没动。

### 7.负迁移性

学生在学习各个物理知识结构时,我们认为先前的知识结构对新的知识结构的建立起着积极的推动作用,但有时也产生一些负面的影响。事实上,有些前概念对后续的科学概念的学习多起负面影响,这一点在学生运用物理知识解决问题时表现得尤为明显。

例如,有这样一道题:如图所示,一个劈形物体 $A$,各面均光滑,放在固定的斜面上,物体 $A$ 上表面水平。在上表面上放一光滑的小球 $B$,劈形物体 $A$ 从静止开始释放,则小球在碰到斜面前的运动轨迹是(    )。

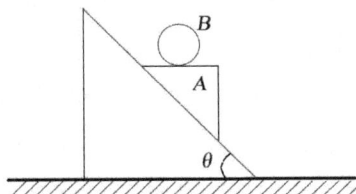

A.沿斜面向下的直线　　　　B.竖直向下的直线

C.无规则曲线　　　　　　　D.抛物线

一些学生毫不犹豫地选择 A 项。其理由是 B 放在 A 上，A 沿着斜面下滑，它们两者一道沿着斜面下滑。这里，显然他们没有用物理的知识去分析，而是把他们头脑中的前概念迁移过来解决问题。

## 三、心智及心智模式

什么是心智，什么是心智模式，什么是解题心智模式？这些是本书首先要阐述清楚的概念。它们与物理前概念存在怎样的关联，相互之间又有着怎样的影响？这也必须弄清楚。

### (一)心　智

心智是与物质现象对照的另一类现象，它译自英文 mind，包含许多意思，如人的记忆、思想、意识、感情、思维、智慧以及人的种种心理能力等，它是人之所以为人的一个本质特征，是人从认识外部世界发展到认识自我的一个重要认识对象。哲学上，恩格斯称心智(人的思维)为自然界最美的花朵。它是指人们对已知事物的沉淀和储存，通过生物反应而实现动因的一种能力总和。它涵盖了哲学对已知事物的积累和储存，结合了生物学的大脑信息处理，即生物反应，运用了为实现某种欲需(动因)而从事的心理活动，从而达到为实现动因结果而必须产生的智能力和"潜能"力。

一个人的心智指的是他各项思维能力的总和，用以感受、观察、理解、判断、选择、记忆、想象、假设、推理，而后根据它指导其行为。

乔治·博瑞博士的定义是，心智主要包括以下三个方面的能力：获得知识，应用知识，抽象推理。博瑞博士认为，一个人一生的幸福与他的心智直接相关。人与人之间存在着智力的差异，即每个人心智的力量强弱不一，且这方面的差异可能存在着天壤之别。

章士嵘和王炳文在《当代西方著名哲学家评传(第二卷)》中指出：心智一词的含义是指人们的记忆、思想、意识、感情、意向、愿望、思维、智能和种种心理能力。

张绍宏在《心智学》一书中提出：心智即意识，就是大脑的意识活动。人的心智或者说人的意识是包括情感、意志和感觉、知觉、表象、思维在内的人的全部精神活动。从字面上说，心智由"心"与"智"两个部分组成；"心"即心理，指人的情感、意志等心智的非理性认知层面；"智"即智慧，指人的感觉、知觉、表象、思维等心智的理性认知层面。

我国古代将心智归纳为三个方面，即头脑聪明、才智和智慧、脑力和神志。

《韩非子·亡徵》"辞辩而不法，心智而无术，主多能而不以法度从事者，可亡也"，指的就是头脑聪明。

《吕氏春秋·任数》"以此言耳目心智之不足恃也"，《宋书·颜延之传》"虽心智薄劣，而高自比拟"，清吴伟业《赠家侍御雪航》诗"劲节行胸怀，高谈豁心智"，指的就是才智和智慧。

宋苏轼《石菖蒲赞》"久服，轻身，不忘，延年，益心智，高志不老"，指的就是脑力和神志。

当然，人的心智会随着年龄的增长和阅历的增加逐渐成熟起来。

(二)心智模式

心智模式又叫心智模型。所谓心智模式是指深植我们心中关于我们自己、别人、组织及周围世界每个层面的假设、形象和故事，并深受习惯思维、定势思维、已有知识的局限。

心智模式的概念最早是由苏格兰心理学家 Kenneth Craik 在 1943 年提出的，他认为心智将现实建构成"小型的模式"，并用它来对事件进行预测、归因，以及作出解释。

心智模式的概念被提出来以后，被认知心理学家 Johnson Laird 和认知科学家马文·明斯基、西蒙·派珀特等所采用，并逐渐成为人机交互的常用名词。很多研究领域都表现出了对它的兴趣，并且在定义和结构上做了不少有意义的探索。但直到麻省理工学院彼得·圣吉教授的《第五项修炼》问世，心智模式的概念才真正赢得了关注，并且被切实运用到实际的管理中，特别是在企业管理中取得了很多成就。

由于心智模式的概念在很多学科领域中都会出现，所以对它的定义也就众说纷纭，人们从各自的学科视角出发，对心智模式的内涵有不同的诠释。

彼得·圣吉认为:所谓心智模式,指的是根深蒂固存在于我们每个人心中,影响我们如何了解这个世界以及如何采取行动的许多假设、成见,甚至图像、印象。心智模式具有顽固性,这是隐在暗处的一块顽石。它像一块玻璃微妙地扭曲了我们的视野,影响着我们对世界的看法。

维金斯把心智模式定义为一种理论的结构,用来解释采样、搜索、计划等人类的行为。

诺斯、青木昌彦等认为:人在决策过程中的倾向性以及人们所表现出来的某种技能就是心智模式。

周杰认为:所谓心智模式,就是人们内心深处看问题的心理图式或心理模式,它对客观外界反映到人脑中的种种现象起着整理加工的作用。人的心智模式是一个系统,它既包含着做事的依据,也包含着做人的依据。

吕晓俊认为:心智模式是一个相对持久的动力系统,在对社会事件进行描述、归因和预测活动中体现出的有关社会事件的知识和信念,以此作为启发式的行为决策的基础。

其实,心智模式是一种思维定势,我们这里所说的思维定势并非是一个贬义词,而是指我们认识事物的方法和习惯。当我们的心智模式与认知事物发展的情况相符时,就能有效地指导行动;反之,当我们的心智模式与认知事物发展的情况不相符时,就会使自己好的构想无法实现。所以,我们要保留心智模式科学的部分,完善不科学的部分,只有这样,才能在工作和学习中取得较好的成绩。

心智模式还具有如下几个特点:①每个人都具有心智模式;②心智模式决定了我们观察事物的视角和做出的相关结论;③心智模式是指导我们思考和行为的方式;④心智模式让我们将自己的推论视为事实;⑤心智模式往往是不完整的;⑥心智模式影响着我们的行为的结果,并不断强化;⑦心智模式往往会比其有用性更加长寿。

### (三)心智模式的心理机制

心智模式是一种机制,在其中人们能够以一种概论来描述系统的存在目的和形式,解释系统的功能和观察系统的状态,以及预测未来的系统状态。换句话说,即人们对于世界的理解是透过询问"这是什么? 为什么这样? 这样有什么目的？这个东西是如何运作的？它会造成什么后果?"等问题实现的。我们可将这些问题简化成下面的架构图（见图1）。

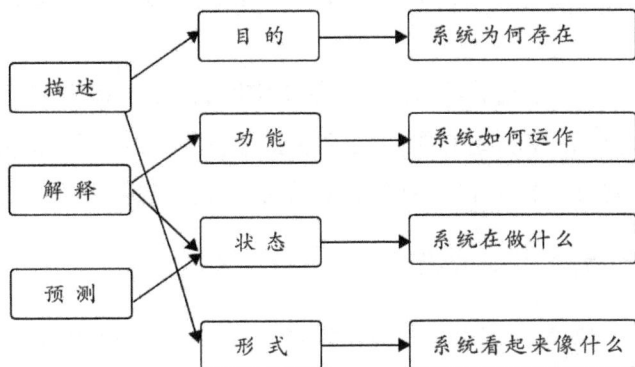

图1 心智模式的功能

从本质上看，心智模式是人们在大脑中构建起来的认知外部现实世界的模型，它会影响人们的观察、思考以及行动。心智模式的作用机理包括三个方面（见图2）。

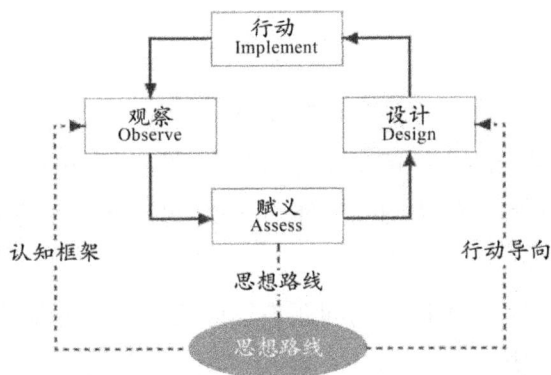

图2 心智模式的作用机理示意

图的上部显示的是个体学习的OADI循环，下部则显示了心智模式的作用机理。按照考夫曼的说法，个体的学习过程可描述为"见—解—思—行"的循环（简称OADI循环）。

见（Observe），是指从特定经历中取得素材，不仅指观察，还包括通过各种渠道获得的感觉、知觉等。

解(Assess),是指对得到的素材进行解释、评估,并加以理解。

思(Design),是指对解释、评估以后的信息加以总结,形成抽象的概念、理论或模式。

行(Implement),是指将概念、理论付诸实践,以检验概念或理论的真伪。

与此相对应,心智模式的作用机理主要有三种,即心智模式通过三种途径影响个体的观察、思考和行动,具体包括认知框架、思想路线、行动导向。

### (四)学生的解题心智模式

学生解题时常常会出错,有些在教师看来是很低级的错误,甚至是荒唐的、不可思议的。此时,教师常常会责怪学生:这么简单的题你怎么会做错? 题目你认真地看了吗? 有没有认真地思考? 其实,学生看了题目,但为什么会这样呢? 因为在学生的头脑中有着自己的解题心智模式。解题时,学生往往是根据自己的模式去思考,而不是根据题目的条件去思考。那么什么是解题心智模式呢? 要回答这个问题,我们先要弄清楚学生是怎么解题的,解题的心理过程又是怎样的。

### 1.问题表征

问题表征是学生解题的首要环节,它说明了问题在头脑中的呈现方式和表现形式。表征对于问题的解决是非常重要的。Greeno 和 Hall 研究表明,正确的表征可以提高学生解决问题的能力,学生可利用表征寻求问题的解决方案和执行方案。

Wertheimer 指出,一个适宜的问题表征应该具备三个条件:一是表征与问题的真实结构相对应;二是表征中的各个问题成分被适当地结合在一起;三是表征结合了问题解决者的知识,对同一个问题的表征可以有两个或两个以上的问题表征方式。

Larkin 的研究认为,物理问题的表征建构层次和过程是字面表征、初始表征、科学理论表征。

我国学者傅小兰以实验的方法研究了 34 名大学生的问题表征对于问题解决结果的影响,实验证明:正确的问题表征是解决问题的必要前提,在错误的或者不完整的问题空间中进行搜索不可能求得问题的正确解。

廖伯琴和黄希庭在研究大学生解决物理问题的表征层次时发现,大学物理学习的优等生侧重于物理原理表征,对问题的解决侧重于正向推理;而学困生则受初始表征的影响,对问题的理解停留于问题的表面特征,对问题的解决侧重于反向推理。

### 2.解题策略

西蒙教授提出了四种解题策略:①目标递归策略。运用目标递归策略解决问题,需要从大目标递归到小目标,从暂时无法达成的目标递归到可以马上达成的目标。②知觉策略。运用知觉策略解决问题的关键在于生成解题路径依赖于外部刺激和指导性目标信息,也可形象地表述为"走一步看一步"。③模式策略。通过运用某种模式生成解题路径的解题策略。所谓模式,是指生成解题路径的固定心理操作程序。④机械记忆策略。即把对的一系列步骤死记硬背下来,这就是机械记忆策略的本质特征。

郑青岳在《物理解题理论》一书中提出的物理解题的基本策略有:穷举法、模式识别、以退求进、正难则反、问题转化、数形结合、一般化与特殊化、整体与局部等。

### 3.解题过程和心理机制

波利亚提出了解题四步法:理解题目、拟订方案、执行方案、回顾。奥苏伯尔和鲁宾逊在1969年也提出了一个解决问题的模式,根据这个模式,问题解决经历四个阶段:①呈现问题情境命题;②明确问题目标与已知条件;③填补空隙过程;④解答之后的检验。

纽威尔和H.A.西蒙在《人类解决问题》一书中指出,人类解决问题的过程分为四个阶段:①任务环境。识别问题的组成和提出的条件。②问题空间。认清目标,判别哪些与目标有关,为了实现目标必须做些什么。③作业环境。运用问题所给出的和从记忆中引出的信息去加工材料,向目标前进。④检验调整。在操作系统中要注意每一步操作是否都缩短了与目标的距离,若没缩短则要调整操作和重新认识问题空间。

我国学者梁树森提出,物理解题过程就是把与具体环境问题有关的信息与学生头脑中已有的知识经验相联系的过程。这个过程可以描绘成下面这样一个大致的轮廓(见图3)。

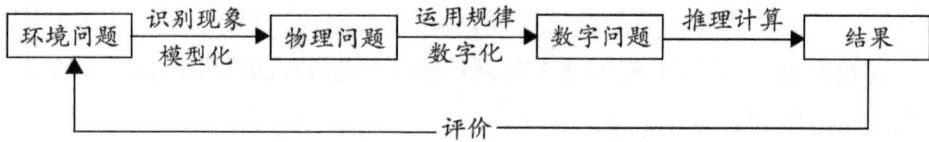

图3　梁树森物理解题过程框架

王兴举提出解物理习题需五个阶段:①形象化思考。通过读题在头脑中形成习题所描述的事件、现象的形象化模型,必要时可绘出简图。②状态确定和描述。确定习题的研究对象,确定描写研究对象的物理量及性质。③建立关系。通过分析,确定已知条件、暗含已知条件和习题要求目标间的关系。这种关系一般指状态量间的关系以及状态变化规律。④具体解答问题。⑤对所得结果进行讨论。

R.Glaser和M.T.H.Chi对有关的研究作了系统概括,他们认为专家和新手解决问题的能力差异表现在六个方面:①有意义的知觉模式的差异;②短时记忆和长时记忆的差异;③技能执行速度的差异;④用于表征问题的时间差异;⑤表征深度的差异;⑥自我监控能力的差异。

Larkin曾对相对的新手与相对的专家解决运动力学问题作过比较研究,结果发现相对的新手是以逆向推理的策略来整合激活源问题原理和程序而生成新问题的解题方案的,相对的专家虽使用了与相对的新手相同的物理规律和公式,但使用的策略则是以顺向推理的形式进行的。Andersron在随后的研究中进一步探讨了专家和新手存在差异的原因,通过研究发现,顺向推理带来更实际的便利,因为在逆向推理时需建立好多目标与子目标,且在推理中要记住它们,这无疑会给工作记忆带来压力。另外,顺向推理策略需要拥有更多的知识和更多的解题经验,由于新手(较差的问题解决者)缺乏这些条件,所以多采用逆向推理策略。

我国学者梁宁建进行的一项研究发现,专家和新手在解决问题时,对问题中的信息具有不同的编码和加工程序,专家能够熟练地运用手段-目的分析策略,利用问题中的已知信息进行顺向推理,新手在解决问题时则较多地采用盲目搜索,一般根据问题中的提问往回推理。

### 4.解题心智模式

参照国内外对心智及心智模式的研究成果以及学生在解题过程中表现出来的习惯性采用的解题策略和心理机制,我们认为学生的解题心智模式是指学生在解题过程中自我调节、控制、修正的过程,是学生在解题过程中的某种倾向性以及所表现出来的某种解题策略,也是学生在解题过程中表现出来的情感、意志、感觉、知觉、思维等各种心理活动。

解题心智模式往往左右着学生解题思维的途径,由于受前概念和其他问题的影响,解题过程中学生常常表现为要么生搬硬套地利用概念,要么放弃科学概念而倾向于直觉经验,要么不恰当地将两者结合起来。解题心智模式是一种思维定势,容易使学生陷入解题困境,导致错误。如果这种心智模式不能改变以适应题目的情境和需要,那么就会阻碍学生的思维。事实上,在学习过程中,所有物理概念、规律或方法、技巧,都会碰到"心智模式"这块隐在暗处的顽石。

## 四、理论工具及研究方法

我们在处理某个问题或作出某项决策时,不是无根无据地作出,而是在理论的指导下作出周密的计划。因此,我们在物理前概念对高中学生解题心智影响的研究中,依据的理论工具和选用的研究方法是否具有科学性和操作性,研究者都进行了反复论证,最终达成了共识。

### (一)理论工具

### 1.奥苏伯尔有意义的学习理论

奥苏伯尔认为,在学校的教学情境中,学生学习书本知识绝大多数是有意义的接受学习。他指出,有意义学习过程的实质,就是符号所代表的新知识与学习者认知结构中已有的适当观念建立非人为的和实质性的联系。所谓非人为的联系,是指新知识与认知结构中有关观念在某种合理的或逻辑基础上的联系。所谓实质性的联系,是指新的符号或符号代表的观念与学习者认知结构中已有的表象、已经有意义的符号概念或命题的联系。有意义学习的条件有内外两条：外部条件是指学习材料本身必须有逻辑意义，即能与人类学习能力范围内的有关观念建立非人为的和实质性的联系；内部条件则包括两个方面，一是学习者必须具有有意义学习的倾向，二是学习者认知结构中必须具有适当的能与新知识进行联系的知识。奥苏伯尔在《教育心理学：一种认知观》中写道："如果我不得不把教育心理学的所有内容简约成一条原理的话，我会说：影响学习的最重要的因素是学生已知的内容。"

奥苏伯尔认为，当学生把教学内容与自己认知结构联系起来时，有意义学习便发生了。所以，影响课堂教学中有意义接受学习最重要的因素，是学生的认知结构。所谓认知结构，就是学生头脑中现有的知识数量、清晰度和组织方式，它是由学生眼下能回想出的事实、概念、命题、理论等构成的。认知结构有三个重要的特征：第一个特征涉及学生面对新学习任务时，头脑中是否有与新学习的知识相关的概念或原理及其概括程度，原有相关概念或原理概括程度越高，包容范围越大，迁移的能力就越强；第二个特征涉及新学习的知识与同化它的相关知识的可分辨度，两者可分辨程度越高，则越有助于迁移并避免因混淆而带来的干扰；第三个特征是同化新知识的原有知识的巩固程度，原有知识巩固程度越高，则越有助于迁移。

## 2.产生式迁移理论

产生式迁移理论是安德森思维适应性控制理论（Adaptive Control of Thought Theory，简称 ACT）的发展。其基本思想是：在前后两项技能学习间发生迁移的原因，是两项技能的产生式有重叠，重叠越多，迁移就越大。根据 ACT 理论，技能学习分两个阶段：首先是陈述性阶段，构成技能的产生式以陈述性知识的形式得到表征；然后是程序性阶段，技能的陈述性形式转化为以产生式表征的程序性知识。所谓产生式，就是有关条件和行动的规则，简称 C—A 规则。其中，C 代表行为产生的条件，是学习者工作记忆中有关的认知内容，而非外部刺激；A 代表行动或动作，它既可以是外部的反应，也可以是头脑中的心理运算。产生式具有抽象性，因此可以用来表征从加法规则到一般问题解决策略等不同概括水平的技能。产生式又具有可计量性。因此，可以通过计算两技能间共有的产生式数量，对迁移的程度进行预测。有关研究表明，预测的迁移量与实际测到的迁移量之间有很高的一致性。

ACT理论按知识的不同类型对迁移的种类进行了重新划分(见表1)。

表1　迁移的分类

| 原有知识 \ 目标知识 | 程序性 | 陈述性 |
|---|---|---|
| 程序性 | 程序向程序的迁移 | 程序向陈述的迁移 |
| 陈述性 | 陈述向程序的迁移 | 陈述向陈述的迁移 |

表中所谓原有知识是指先前学习阶段获得的知识,目标知识是指迁移阶段获得的知识。由于原有知识和目标知识都有陈述性和程序性两种形式,因此可分出四种迁移类型。

(1)程序向程序的迁移。当先前习得的产生式可直接应用于迁移任务或用来解决新问题时,便出现此类迁移。如果发生迁移的产生式在训练阶段得到充分练习,则此类迁移能够自动发生。

(2)程序向陈述的迁移。当原有的认知技能促进新的陈述性知识的习得时,出现程序向陈述的迁移。

(3)陈述向程序的迁移。当训练任务中习得的陈述性知识结构有助于在迁移任务中习得产生式时,出现此类迁移。这里有两种情况:一是程序性知识的学习过程本身就表现为一种陈述向程序的迁移。因为任何技能的学习都要经历两个阶段,即陈述性阶段和程序性阶段,所以学习前期对技能的理解是技能获得的先决条件。二是某些陈述性知识也有助于新技能的学习,例如对大量物理现象的了解可以促进对物理学中相应原理的掌握。

(4)陈述向陈述的迁移。当原有陈述性知识结构促进或干扰新的陈述性知识的学习时,出现陈述向陈述的迁移。

### 3.元认知理论

元认知是指有关个体认知过程的知识,负责对个体的认知过程进行监控、调节和协调,其中包含了个体认知过程的意识、监控及调节。具有较好的元认知技能的学习者,能自动地监督、控制和掌握自己的认知过程。元认知由元认知知识、元认知体验和元认知监控三部分构成。

(1)元认知知识有三个因素会对学习过程产生影响。

①个人因素:用一个字概括就是"我",包括自己的知识状况、学习动机的状况、学习能力的特点、学习风格。我们要帮助学生找到适合自己的学习

方式。

②学习任务因素:简单说就是认识的对象,包括任务的性质、难度大小、数量多少、结构特点。学习任务不同,方法也就不同。

③认知策略因素:概括起来就是学习方法。解决问题有哪些方法,每一种方法的优缺点是什么,在什么情况下使用比较有效? 对于这几方面的认识,既需要教师帮助分析、介绍,又需要学生积极进行反思。

(2)元认知体验是伴随着元认知活动而产生的情绪体验,有三个环境容易产生元认知体验:

①很新颖或者有新意的环境;

②情绪高度唤醒和引发高度思考的环境;

③有风险的环境。

(3)元认知监控就是对自己的学习活动进行不断地控制和管理。这是元认知的核心,一般包括制订计划、执行控制、检查结果、补救。

在学习过程中,元认知知识具体表现为制约学生学习任务完成的各种因素,如学习目的、学习能力、学习策略等知识,它的掌握是学习成功的前提和基础;元认知体验具体表现为学习者对学习内容、学习过程和学习结果的自我感受,它对学习的成功与否有直接影响;元认知监控表现为学生根据自己实际掌握的知识的特点、学习的要求和思维的特征等制订计划,选择策略,评价其是否有效,并进行补救等,它是学习成功与否的关键。

元认知技能是运用与迁移认知策略的重要保证。如果学习者不具备一定的元认知能力,不了解策略的适用范围,不能对策略的使用过程进行监控并在必要时作出修正,那么即使他已习得了某一策略的具体过程及使用方法,也无法使该策略真正达到迁移的水平。研究者认为:与学习和迁移有关的许多问题都是由于元认知技能缺陷造成的,不少学生在自我调节、自我监督、自我检查、问题识别等方面缺乏训练;只有掌握了概括化的认知策略,学生才能真正学会如何学习。

(二)研究方法

研究者在研究过程中,主要采用了文献研究、口语报告、访谈、行动研究和实验研究等研究方法。

### 1. 文献研究

本研究首先通过对国内外物理前概念、物理解题思维相关文献的研究与分析,总结以往相关研究中所使用的研究方法以及所得出的研究结论,为本研究中研究假设的提出与研究方法的选择提供借鉴。

### 2. 口语报告

选择与物理前概念有关的习题让学生去解,要求学生在解题的过程中把思维过程全部表达出来,研究者作相应的记录,并根据记录的文字进行梳理。

### 3. 访　谈

该方法是一种研究性谈话,指通过与被访者的口头交流来收集所需资料的研究方法。研究者主持,引导谈话,收集被访者的语言数据;同时,还通过问卷调查编制相关量表,在较全面的基础上获得相关的数据,以科学方法收集并处理数据。

### 4. 行动研究

在教学中随时观察学生解物理题的情况,当出现错误时,及时了解错误的原因,了解学生解题思维的依据,笔录与物理前概念有关的事例。或者,在平时测验中,收集学生做错的物理题,根据这些题对学生进行访谈,让他们回忆考试做题时的思维,研究者作笔录,最后对收集的资料进行分析、解释。

### 5. 实验研究

本课题选取当涂县丹阳中学2009届高一(5)班为实验班,高一(3)班为对照班。对照班按常规进行教学,实验班则根据相应的干预措施进行教学,实验后进行教学统一测试,用Spss11.5统计软件进行数据分析。

## (三)研究意义

本课题研究促进了教师教学方式的改变。我们采用尝试教学法(提问、阅读、讨论、讲练),充分发挥了学生的主体作用,调动了学生学习物理的积极性,课堂上给了学生充足的思考时间,有效地提高了课堂教学的质量。通过校内、校际交流,我们在全县课题推广中开展示范教学,受到了观课教师的一致好评。教学课的展示,也让许多教师意识到改变教学方式的必要性和重要性。

课题研究促进了教师本身的发展。在研究过程中,课题组成员阅读了大量的教育学、心理学著作,提升了自身的理论水平。在相互交流中,课题组成员相互探讨,彼此之间取长补短,极大地提高了自身的教学水平和科研水平。同时,课题组成员间的学习交流,也影响了身边的教师,促进他们的学习和教学水平的提升。

课题研究促进了学校的教学研究,引起了更多教师的关注。校领导要求各教研组切实抓好教研活动,改变过去教师完全是"教书匠"的现象。各教研组积极行动,认真组织本组教师参加课题研究活动,形成了教、研相结合的良好风气。学校还举行了各种类型的大型的教学研究活动,如承办全县教学研究周。

课题研究在促使教师教学行为改变的同时,也悄然地使学生学习物理的兴趣发生了变化。同时,由于前概念不是物理学科独有的现象,它的研究结论对其他学科也有一定的借鉴作用。

# 初中物理前概念的相关测试

物理前概念是隐藏在学生头脑中的,只有当学生解决问题时才会表现出来,平时不易觉察。但是物理前概念对教学的影响是非常巨大的,它妨碍了学生正确地理解新的概念,常常会使学生思维偏离正确的方向,最为典型的表现就是学生解题时会犯低级的错误。怎样在物理教学中预防此类错误的发生?这就需要了解学生头脑中的前概念,知己知彼,教学中才能有的放矢。

## 一、试卷编制说明

在平常的教学和课题研究中,我们刻意收集了大量学生解错的题,对每一个解错的题,让学生说出(或回忆)解题的思维过程,再作详细的记录并加以整理。在参考FCI、CSEM测试卷和我国部分学者研究的基础上,我们对收集来的试题进行甄别,选择了由物理前概念导致解错的题,内容涉及初中的力、热、光、电、磁等方面的知识,全卷共40道题。测试卷采用选择题、判断题和简答题的形式,考虑到初中学生物理知识有限,选择题只设置了两到三个选项,判断题只要求学生判断对错,简答题则要求学生尽可能地回答。

## 二、测试卷及访谈分析

(一)选择题

1.如图所示,一位同学用水平力推车,没能推动,则这时(　　　)

A.人推车的力小于地面对车的摩擦力

B.人推车的力等于地面对车的摩擦力

（访谈总结：一是想当然，凭直觉认为推不动当然是力不够大，小于摩擦力造成的；二是没有仔细分析，忘记了静止物体受到的力一定是平衡力的原理。）

2.汽车上装有水的密闭玻璃容器内的上方有少许气泡，当车突然加速时，气泡将（　　）

A.向前运动　　B.向后运动

（访谈总结：车突然加速时，车上的人后倒，与此类似，气泡将向后运动，忽视了惯性与质量的关系。）

3.同样大小的一个木球和一个铁球，木球在水面漂浮，铁球入水就下沉，则（　　）

A.木球受的浮力比铁球大　　B.木球受的浮力比铁球小

（访谈总结：凭经验感觉漂浮在液面上的物体肯定比下沉的物体受到的浮力大，没有真正理解阿基米德原理。）

4.拔河比赛时，获胜方对赛绳的拉力比负方（　　）

A.大　　B.相等

（访谈总结：想当然，获胜方拉力自然大些，没有正确分析绳子的受力和不清楚获胜的原因所在。）

5.人向前行走时，地面对鞋底的摩擦力方向是（　　）

A.向前　　B.向后

（访谈总结：以为摩擦力都是阻碍物体运动的，对摩擦力概念模糊不清。）

6.清晨，室外浓雾弥漫，雾是（　　）

A.气态　　B.液态

（访谈总结：认为能在空中飘浮的就是气态，没有弄清雾的形成原理和本质。）

7.夏天，从冰箱里拿出来的雪糕会冒"白气"，"白气"会（　　）

A.向上升　　B.向下沉

（访谈总结：凭生活经验认为气体都是向上升的。）

8.阻值分别为10欧和30欧的两电阻并联,总电阻为(　　)

A.20欧　　　B.40欧　　　C.7.5欧

(访谈总结:根据在生活中形成的对词语的理解来理解物理概念,造成对物理概念的曲解,认为"总"就是"之和"的意思。)

9.已知$R_1$=10欧,$R_2$=100欧,若两电阻串联,则(　　)

A.通过$R_1$电流大　　　B.通过$R_2$电流大　　　C.通过$R_1$和$R_2$的电流一样大

(访谈总结:以为电阻大的电流就小,不知道串联电路中电流的规律。)

10.如图是电熨斗电路示意图,需要高温时将开关(　　)

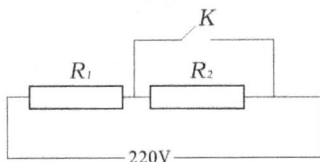

A.闭合　　　B.断开

(访谈总结:凭感觉认为两个电阻发热比一个发热要快。没有仔细分析关系式$P=\dfrac{U^2}{R}$中,当$U$一定时,$P$与$R$的关系。)

11.超声比次声在同一环境下传播速度(　　)

A.超声比次声快　　　B.次声比超声快　　　C.一样快

(访谈总结:曲解了"超"与"次"的意思,以为是速度大小,不知道是以频率界定的。)

12.0分贝的声音能听到吗(　　)

A.能　　　B.不能

(访谈总结:认为"0"就是没有,对分贝概念认识不清。)

13.夜晚,皎洁的月光洒满大地,月亮(　　)

A.不是光源　　　B.是光源

(访谈总结:完全凭视觉经验作答。)

14.在漆黑的夜晚,空气干燥清洁,手电筒光射在墙上有圆圆的光斑,你能看到手电筒发出的光柱吗(　　)

A.能　　　B.不能

(访谈总结:不知道我们平时看到的光柱是"漫反射"原理形成的。)

（二）判断题（打"√"或"×"）

15.摩擦力的方向一定与物体相对运动方向相反。（　　）

（访谈总结：以为摩擦力都是阻碍物体运动的，对摩擦力概念模糊不清。）

16.跳远时要助跑是为了增大起跳时的惯性。（　　）

（访谈总结：对惯性概念模糊不清，不知道惯性大小只跟物体的质量有关。）

17.力不是维持物体运动的原因。（　　）

（访谈总结：凭生活经验认为物体受力才运动，不理解运动和力的关系。）

18.实心铁块放在液体中总是下沉的。（　　）

（访谈总结：学生在日常生活中经常看到铁块沉于水中的现象，于是就在头脑中形成了铁块可以沉没于任何液体中的前概念。）

19.铁不一定比棉花重。（　　）

（访谈总结：物体密度与质量表达混为一谈。）

20.水烧开时，揭开锅盖看见大量白雾状水蒸气升腾。（　　）

（访谈总结：望文生义，误认为大量白雾就是水蒸气。）

21.冬天室外的铁块比木块温度低。（　　）

（访谈总结：凭触觉判断，没有考虑到热传导快慢的因素。）

22.水温没有达到100℃也有可能沸腾。（　　）

（访谈总结：不知道沸点与气压还有关系，小学常识是水沸腾温度就是100℃。）

23.1℃水加热成4℃，体积受热膨胀。（　　）

（访谈总结：只知道"热胀冷缩"，不知道水的独特性。）

24.冰块放入保温瓶中很快会融化。（　　）

（访谈总结：一提到保温瓶就联想到高温，不知道保温瓶的隔热原理。）

25.水的温度降至0℃不一定会结冰。（　　）

（访谈总结：只知道水的凝固点是0℃，不知道凝固还需要不断放热。）

26.由电阻的定义式 $R=\dfrac{U}{I}$ 可知：电阻的大小与电压成正比，与电流成反比。（　　）

（访谈总结：知识迁移的负效应，这主要是由于数学工具运用不当所引起的。学生由于自小就接受数学教育，在思考问题时往往纯数学化。）

27.导体的电阻值与温度有关，温度越高电阻就越大。（　　）

（访谈总结：以偏概全，把大多数金属导体的这种性质全面化了。）

28.金属导体中电流是由电子的定向移动形成的，那么电子的移动速度就是电流速度。（　　）

（访谈总结：混淆了电子的移动速度与电流速度的区别，头脑中没有建立二者的物理模型。）

29.电流方向是从电源正极出发流向负极，故离正极近的电灯最亮。（　　）

（访谈总结：想当然，对导体的电流没有建立正确的物理模型。）

30.高压线很危险，高电压线中电流也非常大。（　　）

（访谈总结：对高压线恐惧导致的误判，不知道高压输电的原理。）

31.人眼之所以能看到物体是由于人眼发出的光射到物体上。（　　）

（访谈总结：不知道眼睛看到物体的原理。）

32.岸边的树木在平静的湖面有倒影，所以倒影是倒立的像。（　　）

（访谈总结：看到的是倒影，所以误判，忽视了平面镜成像的特点。）

33.日食有日全食、日偏食和日环食，月食也有月全食、月偏食和月环食。（　　）

（访谈总结：没有认真分析，认为二者道理是一致的。）

34.乐器演奏出的优美乐曲不一定是乐音。（　　）

（访谈总结：没有从环保角度来认识噪音。）

35.夏天蚊子的嗡嗡声是口器发出的。（　　）

（访谈总结：误以为动物的声音都是口发出的，常识不够。）

（三）简答题

36.直升机在空中悬停时重力等于空气举力，匀速上升时重力小于空气举力，匀速下降时重力大于空气举力。这种说法对吗？为什么？

（访谈总结：想当然，凭直觉认为上升肯定向上的力大些，下降反之；没有仔细分析，忘记了匀速直线运动物体受到的力一定是平衡力的道理。）

37.站在匀速行驶的船尾的人向上跳起后落下会在掉入水中吗？为什么？

（访谈总结：原因在于学生的生活经验中已有了"力是维持运动原因"的前

概念,由此可见学生头脑中的前概念是多么顽固。)

38.在匀速行驶的船上用同样大的力向前跳、向后跳,距离一样吗？为什么？

(访谈总结:对惯性概念的认识模糊不清,不能正确运用和解释现象,"力是维持运动原因"的前概念在作梗。)

39.物体吸热温度不一定升高吗？物体温度升高一定是吸收了热量吗？

(访谈总结:只想到"吸热"和"温度",完全忘了做功也可以改变物体的内能,说明前概念阻塞了思路。)

40.鞭炮爆炸发出的声音是什么物体振动产生的?

(访谈总结:视觉上看到纸片四飞,认为是纸片振动产生的,而忽视了看不见的空气。)

## 三、测试数据的统计分析

在对收集的有效试卷认真评分后,我们对试卷的得分情况进行了统计,并立即对学生进行访谈,以弄清楚学生选择和判断的理由,从而分析学生头脑中存在的前概念以及哪些错解题目是由前概念引起的。

试卷测试在某初级中学进行,选择了两个毕业班的学生,共发放样本83份,回收83份,有效试卷83份。

分数统计结果是:最高分为97.5分,最低分为35分,平均分为67.73分。

分数分布情况如下表(见表1)。

表1　分数分布情况

| 分数分布 | (20,30] | (30,40] | (40,50] | (50,60] | (60,70] | (70,80] | (80,90] | (90,100] |
|---|---|---|---|---|---|---|---|---|
| 人数分布 | 0 | 1人 | 9人 | 13人 | 22人 | 18人 | 11人 | 9人 |
| 占百分比 | 0 | 1.2% | 10.8% | 15.7% | 26.5% | 21.7% | 13.3% | 10.8% |

由上述统计表可见,分数大多集中在50～80分。此两班为毕业班,即将面临中考,课本各章节中所有内容都已学习过,并已完成了第一轮复习,但仍然出现这样的局面,可见一旦学生对某些物理现象形成了前概念,要想加以转变是极其困难的。

## 四、教学建议

通过上述统计和访谈结果分析,得到了这样的结论:(1)初中生物理前概念是比较广泛的,特别是对看得见、摸得着、日常生活经常接触到的事物形成了较多的前概念,如力学、热学和几何光学等;(2)前概念以潜在的形式存在,平时不易表现出来,只有当学生在学习或解决问题时,前概念才会自发地表现出来,且不受主观意志的制约,甚至对正确的物理概念有抗拒心理;(3)前概念是学生长期生活经验对现象的反映在头脑中的积累而形成的,且长期的日常生活经验与观察又反复加强了这些概念,因此前概念在学生头脑中印象深刻,可谓根深蒂固,要想加以转变是极其困难的。

虽然如此,教师应该正确地看待学生头脑中业已形成的前概念。从人类认识的发展角度来看,前概念的产生是正常的、必然的,因为在科学发展史上这种前概念也屡见不鲜。前概念的产生正体现了人类认识发展的一般规律,我们应该把它作为物理含义可被转换的认知结构接受下来,这才是我们应该持有的指导思想。

虽然教师意识到学生存在前概念,而且前概念的存在还影响着学生的解题模式,简单地说影响着学生解题的对错,但教师在教学中并没有很好地进行干预,也没有挖掘学生头脑中固有的前概念。他们认为只需要"正面"传授知识学生就能理解,如果学生仍不理解,可以多讲几遍就能达到目的,这种观点实践证明是过于简单化、理想化了。在这种情况下,教师必须努力促使学生对原有认知结构进行解体并建立新认知结构,以实现认知上的顺应。即原有概念和科学概念之间发生了"冲突",而原有的概念框架无力解决"冲突"时,学生才会自愿放弃旧的观念。从心理学角度看,凡经过否定性质疑的知识,在学生中才有更高的确信度,进而被学生真正地接受。

# 高中物理前概念的相关测试

经过初中两年的物理学习,再加上高中两年多的物理学习,学生的头脑中是否就没有了物理前概念? 是否经过较为系统的物理知识的学习后,学生头脑中的前概念就可以消除了?

答案是否定的。即便是高三的学生,虽已经学习完了高中的物理课程,但他们的头脑中仍然存在着前概念,这些前概念对他们解决问题仍然有着很大的影响,时常跳出来左右他们的思维,妨碍他们的问题解决。本文对高中学生头脑中的物理前概念作调查研究 。

## 一、测试目的

高二学生甚至高三学生在解一些物理题时常常会犯一些老师认为非常低级的错误。教师总是责怪学生:你怎么这样马虎! 这种题还会做错! 学生低着头,似乎也觉得这种错误不应该出现,但下一次考试同样的情况照样上演。为什么会这样呢?

其实,这就是学生头脑中物理前概念在作怪。它对学生的解题思维有着很大的影响,且这种影响在学习成绩中等偏下的学生身上更为常见。另外,在遇到一些难题时,即使是学习成绩优秀的学生在解题时思维中也会不自觉地流露出前概念的影子。为了了解高中学生头脑中的物理前概念,了解物理前概念对高中学生解题心智的影响,提高物理教学的有效性,提高学生解决问题的能力,我们在县级范围内对高中学生进行抽样调查,以便掌握翔实的资料。

## 二、测试过程

### (一)样本选取

选取安徽省当涂一中(省示范高中)、当涂二中(市示范高中)理科班的学生作为研究样本,采取分层整体抽样的方法选取样本。在两校高二年级各选取两个班级,共210名学生,其中男生163名、女生47名。他们刚进入高二年级,且任课教师不同。在当涂一中高三年级选取三个班级(其中一个为实验班),在当涂二中高三年级选取两个班级,共287名学生,其中男生220名、女生67名。他们刚进入高三年级,且任课教师不同。

### (二)物理前概念对高中学生解题心智影响的理论建构

通过查阅物理前概念的研究成果、相应的测量工具、物理解题的相关理论、心智模式的相关理论,再结合前期对物理前概念对高中学生解题心智的影响的研究成果,研究者提出了物理前概念影响高中学生解题心智的理论维度,包括物理前概念影响高中学生解题思维的起点、方向、过程、结果以及解题心智模式等五个维度。

### (三)初步编制问卷和测试卷

研究者根据理论维度先编制出问卷(采用李克特五点量表法)和测试卷(采用单项选择题)初样,然后请有经验的高中物理教师根据他们的教学经验对初样进行修订、补充。同时,请高二、高三学生试做并根据试做的情况再结合自己平时解题的实际情况提出意见。最后,请有关专家审议、修订。

在安徽省当涂县丹阳中学选取70名高二学生进行初测。根据初测结果将其中区分度不高、因素负荷不大的题项剔除,最终保留问卷(b)16题和测试卷(c)20题。问卷采用李克特五点量表法评分。选A项得5分,选B项得4分,选C项得3分,选D项得2分,选E项得1分。问卷得分越高,表示物理前概念对学生解题心智影响越大。测试卷每题5分,设标准选项和目标选项。标准选项为本题正确答案,目标选项为研究者设定的物理前概念对解题心智影响的答案。

### （四）施测程序

问卷调查时,由任课老师和研究者担任监考,以班级为单位进行团体施测,测试时间为70分钟。

### （五）数据收集与统计

本研究共发放试卷497份,回收497份。研究者对试卷一一检查筛选,剔除数据不全或研究者认为不诚实填答的试卷后,有效试卷463份,有效率为93.16%。然后,研究者用Excel录入数据,用统计软件Spss11.5进行数据统计分析。

## 三、测试工具

### 学习物理的态度量表(a)

1.你在物理课堂上听老师讲课(　　)

A.注意力很集中　　　B.注意力比较集中　　　C.注意力一般

D.注意力不集中　　　E.注意力很不集中

2.你上完物理课后(　　)

A.总是复习　　B.时常复习　　C.有时复习

D.很少复习　　E.从不复习

3.你在课外平均每天做物理习题的时间(作业除外)是(　　)

A.2个小时或2个小时以上　　　B.1个小时~2个小时

C.半个小时~1个小时　　　D.不到半小时　　E.几乎不做题

4.对于平时做错的题,你会把它收集起来不时地进行复习(　　)

A.总是如此　　B.时常如此　　C.有时如此

D.很少如此　　E.从未如此

5.遇到不会做的物理题时,你会立即去请教他人或看参考答案(　　)

A.总是如此　　B.时常如此　　C.有时如此

D.很少如此　　E.从未如此

6.在学习物理新的内容时,你会事先预习( )

A.总是如此 B.时常如此 C.有时如此

D.很少如此 E.从未如此

7.在听课过程中,若有听不懂的地方,你会向老师请教或与同学交流直至把它弄懂( )

A.总是如此 B.时常如此 C.有时如此

D.很少如此 E.从未如此

8.在课堂上,老师提问时,你会积极思考并回答( )

A.总是如此 B.时常如此 C.有时如此

D.很少如此 E.从未如此

9.做物理作业时,你会认真思考并按时完成作业( )

A.总是如此 B.时常如此 C.有时如此

D.很少如此 E.从未如此

10.做物理作业时,若不会做,你会抄袭别人的作业( )

A.总是如此 B.时常如此 C.有时如此

D.很少如此 E.从未如此

11.遇到不会做的物理题时,你会努力思考直至把它解出来( )

A.总是如此 B.时常如此 C.有时如此

D.很少如此 E.从未如此

12.在复习过程中,你会对所学的知识进行整理使之系统化( )

A.总是如此 B.时常如此 C.有时如此

D.很少如此 E.从未如此

## 物理前概念对高中学生解题心智的影响量表(b)

说明:物理前概念就是学生在学习前由长期的日常生活经验形成的对事物和现象的看法和观念。

1.在解物理题时,若想不到用哪些物理概念和原理,你会想到用以往的经验来分析问题( )

A.非常符合 B.符合 C.有时符合 D.不符合 E.非常不符合

2.解完物理题后,有时发现求解的结果与日常生活的经验不符,你会怀疑

结果的正确性(　　)

  A.总是如此  B.时常如此  C.有时如此

  D.很少如此  E.从未如此

  3.有些题目做错了,过一段时间后,你再遇到同类型的题目还会犯类似的错误(　　)

  A.非常同意  B.同意  C.不能确定  D.不同意  E.极不同意

  4.解物理题时,往往前面的思路是正确的,但解题过程中,受日常生活经验的影响就出错了(　　)

  A.非常符合  B.符合  C.有时符合  D.不符合  E.非常不符合

  5.在做物理选择题时,如果看不懂题目的意思,你会选择与你经验相关的选项为正确的答案(　　)

  A.总是如此  B.时常如此  C.有时如此

  D.很少如此  E.从未如此

  6.在解物理选择题时,若算出了结果,由于日常生活经验的影响你会改选别的答案(　　)

  A.非常符合  B.符合  C.有时符合  D.不符合  E.非常不符合

  7.解完物理题后,在检查时,你很难发现自己的错误(　　)

  A.总是如此  B.时常如此  C.有时如此

  D.很少如此  E.从未如此

  8.一些与日常生活经验联系密切的物理题,你在求解时常常从经验出发,疏忽了物理的规律和原理的应用(　　)

  A.总是如此  B.时常如此  C.有时如此

  D.很少如此  E.从未如此

  9.在做物理题时,若发现题目很长或很难,你就没有心思去做,会从经验出发套用一些原理和公式(　　)

  A.非常同意  B.同意  C.不能确定  D.不同意  E.极不同意

  10.在解物理题时,你的思维方向常常会受到日常生活经验的影响而发生改变(　　)

  A.非常符合  B.符合  C.有时符合  D.不符合  E.非常不符合

11.在解物理大题时,你的思路是:选择研究对象,进行受力分析,分析物体运动状态,联系对应的物理原理和规律(　　)

A.总是如此　　　B.时常如此　　　C.有时如此

D.很少如此　　　E.从未如此

12.在做物理题时,所做的题与曾经做过的题相似,你会习惯性地套用原来的解法和公式(　　)

A.总是如此　　　B.时常如此　　　C.有时如此

D.很少如此　　　E.从未如此

13.在解物理题时,你总是习惯用所学的物理概念、原理和规律来分析、求解(　　)

A.总是如此　　　B.时常如此　　　C.有时如此

D.很少如此　　　E.从未如此

14.解物理题出错的原因:一部分是习惯性思维,另一部分是日常生活经验的影响(　　)

A.非常同意　　B.同意　　C.不能确定　　D.不同意　　E.极不同意

15.一些物理题,看不懂什么意思时,你会根据自己的经验和理解套用一些原理和公式求解(　　)

A.总是如此　　　B.时常如此　　　C.有时如此

D.很少如此　　　E.从未如此

16.在物理考试时,一些题目本来很容易,却做错了,原因是没有看清题目,错用了物理原理和公式(　　)

A.非常符合　　B.符合　　C.有时符合　　D.不符合　　E.非常不符合

## 测试卷(c)

填写规则:请你选出你认为正确的答案,并在后面用文字简要地写出你为什么这样选,不必写出计算的过程。

1.在水平放置的盛有水的密闭的椭圆形玻璃容器中有一个小气泡,如图所示,当手拿玻璃容器由静止开始向左运动时,气泡的运动情况是(　　)

A.向左　　B.向右　　C.静止　　D.无法确定

你的思维过程是：_____。

2.气球以10m/s的速度匀速竖直上升,从气球上掉下一个物体,经10s到达地面,则物体刚脱离气球时气球的高度($g$=10m/s²)为(　　)

A.400米　　B.500米　　C.600米　　D.420米

你的思维过程是：_____。

3.如图所示,一重物上端用$a$绳悬挂起来,物体下端有一根$b$绳,$a$,$b$两绳性质相同。第一次迅速用力拉$b$绳,第二次用逐渐增大的力拉$b$绳,$a$,$b$两绳两次折断情况是(　　)

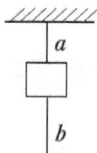

A.两次均是$a$绳断　　　　　　B.第一次$a$绳断,第二次$b$绳断

C.第一次$b$绳断,第二次$a$绳断　D.两次均是$b$绳断

你的思维过程是：_____。

4.有甲、乙两人分别站在两辆相同小车上相向而行,上车前测得乙的力气比甲的力气大,他们用手拉着一根绳子的两端,全力以赴想把对方拉过来,若不考虑阻力和绳子质量,且甲、乙质量相等,那么(　　)

A.两人同时到达中点　　B.甲比乙先到达中点

C.乙比甲先到达中点　　D.无法判断

你的思维过程是：_____。

5.如图所示,一个木块沿粗糙斜面向上运动(不计空气阻力),则此木块受到的力有(　　)

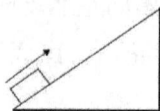

A.2个　　B.3个　　C.4个　　D.5个

你的思维过程是：_____。

6.两个相互垂直的力 $F_1$ 和 $F_2$ 作用在同一物体上,使物体通过一段位移。在这个过程中,力 $F_1$ 对物体做功为4J,力 $F_2$ 对物体做功为3J,则力 $F_1$ 和 $F_2$ 的合力对物体做功为（　　）

A.5J　　B.1J　　C.7J　　D.3.5J

你的思维过程是：_____。

7.如图所示, $ad$ , $bd$ , $cd$ 是竖直平面内的三根固定的光滑细杆, $a$ , $b$ , $c$ , $d$ 位于同一圆周上, $a$ 点是圆周的最高点, $d$ 点为圆周的最低点。每根杆上都套着一个小滑环(图中未画出)。三个小滑环分别从 $a$ , $b$ , $c$ 处同时由静止释放,则（　　）

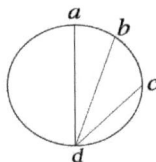

A. $a$ 滑环先到达 $d$ 处　　B. $b$ 滑环先到达 $d$ 处

C. $c$ 滑环先到达 $d$ 处　　D.三者同时到达 $d$ 处

你的思维过程是：_____。

8.如图所示,在静止的电梯里放一桶水,把一根轻弹簧的一端与桶底相连,另一端与浸没在水中的质量为 $m$ 的软木塞相连。当电梯由静止开始以加速度 $a(a < g)$ 加速下降时,轻弹簧将（　　）

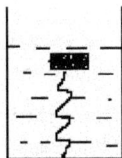

A.伸长量增加　　B.伸长量减少

C.伸长量保持不变　　D.由伸长变为压缩

你的思维过程是：_____。

9.一人用力踢质量为1千克的皮球,使其由静止开始以20m/s的速度飞出,人踢球的瞬间对球的平均作用力是200N,球在水平方向前进了20米后停止,那么人对球所做的功为（　　）

A.50J     B.200J     C.500J     D.4000J

你的思维过程是：_____。

10.质量为$m$的小车在光滑水平面上以速度$v_0$匀速向右运动,当车中的沙子从底部的漏洞中不断流出时,车子的速度将（    ）

A.减小     B.不变

C.增大     D.条件不足,无法确定

你的思维过程是：_____。

11.一长为$L$的细绳的一端固定在$O$点,$O$点离地的高度大于$L$,另一端系质量为$m$的小球,开始时线与水平方向的夹角为30°,如图所示,则小球由静止释放后运动到最低点$C$时的速度是（    ）

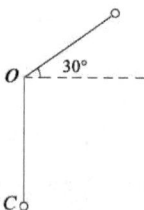

A. $\sqrt{2gL}$     B. $\sqrt{2.5gL}$     C. $\sqrt{3gL}$     D. $\sqrt{3.5gL}$

你的思维过程是：_____。

12.一船在河中以恒定速度航行,在某时刻有一个物体掉入水中并浮在水面上,过了$t_1$时间才被驾驶员发现,于是他立即调转船头以原来的速度去追落入水中的物体(船调头的时间不计),经过$t_2$时间追上落入水中的物体,则（    ）

A.$t_1 > t_2$     B.$t_1 < t_2$     C.$t_1 = t_2$     D.无法确定

你的思维过程是：_____。

13.一航天探测器完成对月球的探测任务后,在离开月球的过程中,由静止开始沿着与月球表面成一倾斜角飞行,先加速运动,再匀速运动,探测器通过喷气而获得推动力。以下关于喷气方向的描述中正确的是（    ）

A.探测器加速运动时,沿直线向后喷气

B.探测器加速运动时,竖直向下喷气

C.探测器匀速运动时,竖直向下喷气

D.探测器匀速运动时,不需要喷气

你的思维过程是:_____。

14.如图所示,一个劈形物体 $M$,各面均光滑,放在一固定的斜面上,上表面水平。在上表面放一个光滑小球 $m$,劈形物体从静止开始释放,则小球(相对地面)在碰到斜面之前的运动轨迹是(    )

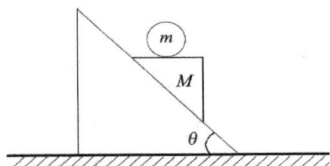

A.沿斜面向下的直线        B.竖直向下的直线

C.无规则曲线              D.抛物线

你的思维过程是:_____。

15.人站在自动扶梯的水平踏板上,随扶梯斜向上匀速运动,如图所示。以下说法中正确的是(    )

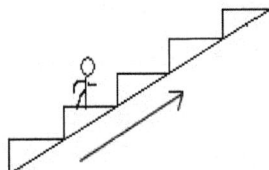

A.人受到的合力方向与速度方向相同

B.人受到的合力方向竖直向上

C.人受到重力和支持力的作用

D.人受到重力、支持力和摩擦力的作用

你的思维过程是:_____。

16.如图所示,质量为 $M$ 的三角形木块 $A$ 静止在水平面上,一质量为 $m$ 的物体 $B$ 正沿斜面下滑,三角形木块 $A$ 仍然保持静止,则下列说法中正确的是(    )

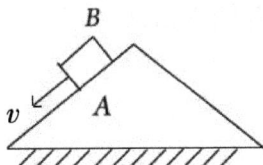

A.A 对地面的压力等于 $(M+m)g$

B.水平面对 A 的静摩擦力为零

C.水平面对 A 的静摩擦力方向一定向左

D.A 对地面的压力可能小于 $(M+m)g$

你的思维过程是：_____。

17.在静止的小车内,用细绳 a 和 b 系住一个小球,绳 a 处于斜向上的方向,拉力为 $F_a$,绳 b 处于水平方向,拉力为 $F_b$,如图所示。现让小车从静止开始向右作匀加速运动,此时小球相对于车厢的位置仍保持不变,则两根细绳的拉力变化情况是(　　)

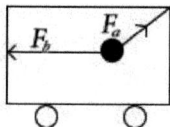

A.$F_a$ 变大, $F_b$ 不变　　　B.$F_a$ 变大, $F_b$ 变小

C.$F_a$ 变大, $F_b$ 变大　　　D.$F_a$ 不变, $F_b$ 变小

你的思维过程是：_____。

18.如图所示,在匀速转动的水平圆盘上,沿半径方向放着用细线相连的质量相等的两个物体 A 和 B,它们与圆盘间的动摩擦系数相同。当圆盘转动到两个物体刚好还未发生滑动时,烧断细线,则两个物体的运动情况是(　　)

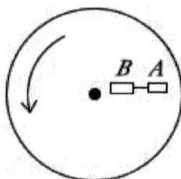

A.两物体均沿切线方向滑动

B.两物体均沿半径方向滑动,离圆盘圆心越来越远

C.两个物体随圆盘一起作圆周运动,不发生滑动

D.物体 B 随圆盘一起作匀速圆周运动,物体 A 发生滑动,离圆盘圆心越来越远

你的思维过程是：_____。

19.人站在水平台秤上突然下蹲,在下蹲的过程中,台秤的示数(　　)

A.保持不变　　　　　　　B.一直增大

C.先增大后减小　　　　　D.先减小后增大

你的思维过程是:＿＿＿＿＿＿＿＿＿＿＿＿＿＿＿＿。

20.在圆轨道上运行的国际空间站里,一名宇航员 $A$ 静止(相对空间舱)"站"于舱内朝向地球一侧的"地面" $B$ 上,如图所示,下列说法中正确的是(　　)

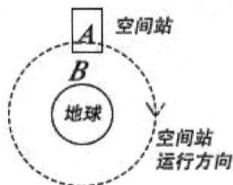

A.宇航员 $A$ 不受地球引力作用

B.宇航员 $A$ 与"地面" $B$ 之间有弹力作用

C.若宇航员 $A$ 将手中一小球无初速度(相对空间舱)释放,该小球将落到"地面"上

D.宇航员 $A$ 受地球引力与他在"地面"上所受重力相等

你的思维过程是:＿＿＿＿＿＿＿＿＿＿＿＿＿＿＿＿。

## 四、问卷和测试卷分析

### (一)问卷的探索性因素分析

研究者先对问卷进行项目分析,求出每个题项的决断值(CR值),保留两侧检验达0.01的显著性水平的题项,然后对剩下的题项进行因素分析。运用主成分分析法(Principal Component Analysis)从问卷的测量数据中抽取出公共因素,并通过直交旋转法求出最终的因素负荷矩阵。运用 Kaiser Meyer Olkin(简称KMO)和 Bartlett's Test 对研究数据进行探索性因素分析的适当性进行考查,其中KMO指数为0.817,Bartlett球形检验结果为1016.201,显著性概率 $P<0.001$ ,结果说明数据适合进行探索性因素分析。

根据Kaiser准则,选取特征值大于1的因素。从问卷中抽取四个因子,共解释总变异量为 52.284%。通过因素分析把调查问卷分为四个层面,其中第一个层面称之为物理前概念影响学生解题思维的起点和方向,第二个层面称之为物理前概念影响学生解题思维的过程,第三个层面称之为物理前概念影响学生解题思维的结果,第四个层面称之为物理前概念影响学生的解题心智模式。除了第一、第二两个层面合二为一外,其他与理论建构基本相符。

(二)问卷的信度(利用 $\alpha$ 系数法估计)

问卷的总信度为 0.7646,各层面的信度分别为 0.7228,0.6156,0.6235,0.5213,能够满足问卷调查的要求。需要说明的是:第四个层面只包括两个题项,信度略低,有待在以后的研究中修订和改进,这里由于时间限制,考虑到问卷总的信度尚可,又与理论研究相符,故暂且保留。

(三)测试卷的难度和鉴别度

研究者对测试卷成绩进行分析,求出了每个试题的难度与鉴别度(见表1)。

**表1　测试卷的难度和鉴别度**

| 题号 | 难度 | 鉴别度 | 题号 | 难度 | 鉴别度 | 题号 | 难度 | 鉴别度 |
|---|---|---|---|---|---|---|---|---|
| 1 | 0.369 | 0.324 | 8 | 0.209 | 0.100 | 15 | 0.512 | 0.514 |
| 2 | 0.690 | 0.620 | 9 | 0.686 | 0.516 | 16 | 0.404 | 0.283 |
| 3 | 0.487 | 0.326 | 10 | 0.630 | 0.432 | 17 | 0.363 | 0.574 |
| 4 | 0.515 | 0.386 | 11 | 0.189 | 0.197 | 18 | 0.660 | 0.509 |
| 5 | 0.631 | 0.557 | 12 | 0.407 | 0.415 | 19 | 0.482 | 0.645 |
| 6 | 0.467 | 0.631 | 13 | 0.304 | 0.303 | 20 | 0.436 | 0.457 |
| 7 | 0.727 | 0.406 | 14 | 0.561 | 0.487 | | | |

从表1可以看出,除个别题目难度较大,鉴别度较低外,其他题目都能达到测试的要求。研究者通过测试后的访谈发现:难度较大的题,正是物理前概念的严重影响所致,故保留。从表1还可以看出,难度值越小,试题难度越大;鉴别度值越大,鉴别度越高。

（四）测试卷统计结果

**1.物理前概念对高中学生解题心智影响的比较**

关于测试卷（c），高二、高三物理前概念对高中学生解题心智影响的比较见表2。

表2　物理前概念对高中学生解题心智影响的比较

|  |  | 高二 | 高三 | $T$值 | 显著性检验 |
|---|---|---|---|---|---|
| A | 平均分 | 14.851 | 15.397 | 1.193 | |
| | 标准差 | 2.899 | 3.178 | | $P > 0.05$ |
| B | 平均分 | 13.667 | 14.183 | 2.242 | |
| | 标准差 | 2.456 | 2.458 | | $P > 0.05$ |
| C | 平均分 | 10.253 | 10.729 | 2.596 | |
| | 标准差 | 1.985 | 1.910 | | $P > 0.05$ |
| D | 平均分 | 6.910 | 7.088 | 1.416 | |
| | 标准差 | 1.305 | 1.374 | | $P > 0.05$ |

注：高二学生人数为187，高三学生人数为266.

A表示物理前概念影响学生解题思维的起点和方向，B表示物理前概念影响学生解题思维的过程，C表示物理前概念影响学生解题思维的结果，D表示物理前概念影响学生的解题心智模式。

由表2知：A的总分为25分，高二学生的平均分为14.851，占总分的59.404%，高三学生的平均分为15.397，占总分的61.588%，比高二略高，两者之间没有显著性差异；B的总分为20分，高二学生的平均分为13.667，占总分的68.335%，高三学生的平均分为14.183，占总分的70.915%，两者之间没有显著性差异；C的总分为15分，高二学生的平均分为10.253，占总分的68.353%，高三学生的平均分为10.729，占总分的71.527%，两者之间也没有显著性差异；D的总分为10分，高二学生的平均分为6.910，占总分的69.100%，高三学生的平均分为7.088，占总分的70.880%，两者之间没有显著性差异。

从调查结果可以发现，物理前概念对学生解题心智的影响是很大的，几乎都在60%以上。高二、高三学生虽然解题能力有所提高，但物理前概念对他们的影响依然顽固地存在着。调查显示，高三学生物理前概念对解题心智的影响与高二学生没有显著性差异，但其得分要略为高一点，这似乎有悖常理。调查结束后,研究者对部分学生和教师进行了访谈,综合各方面因素,我们认为这不仅没有有悖常理,而且还是合理的。第一,高三学生解题的时间比高二学生要多。我们对高二、高三学生解物理题的时间进行调查,结果显示:高二学生每天解物理题的时间在半小时以上的为59.5%,高三的则为69.5%,显然高三的超出高二的。第二,高三时期,为了迎接高考,物理试题无论是在数量上还是在难度上都比以往增加了许多。这样,高三学生就有更多的机会遇到受物理前概念影响的情况,出现了高三学生所受影响比高二学生略为大一点的情况,也就不足为奇了。

**2.物理前概念对学生解题心智影响的测试卷成绩的比较**

关于测试卷(c),高二、高三物理前概念对学生解题心智影响的测试卷成绩的比较情况见表3。

表3　物理前概念对学生解题心智影响的测试卷成绩的比较

| 题项 | 目标选项 | 高二百分数 | 高三百分数 | 题项 | 目标选项 | 高二百分数 | 高三百分数 |
|---|---|---|---|---|---|---|---|
| 1 | B | 53.7% | 37.8% | 11 | C | 80.5% | 66.5% |
| 2 | B | 23.2% | 18.2% | 12 | B | 25.8% | 24.4% |
| 3 | A | 38.4% | 31.1% | 13 | A | 44.2% | 29.7% |
| 4 | B | 14.2% | 12.9% | 14 | D | 36.3% | 19.6% |
| 5 | C | 50.0% | 31.6% | 15 | D | 45.3% | 29.7% |
| 6 | A | 36.3% | 42.2% | 16 | C | 39.5% | 26.3% |
| 7 | C | 17.9% | 16.3% | 17 | B | 52.6% | 32.5% |
| 8 | A | 52.6% | 57.9% | 18 | C | 13.2% | 14.4% |
| 9 | D | 24.2% | 19.1% | 19 | C | 55.8% | 43.5% |
| 10 | C | 25.8% | 29.7% | 20 | B | 26.3% | 25.4% |

由表3可知,这些题难度并不大,但学生出错的很多,目标选项出现的概率在30%左右,有的甚至在50%以上。测试后,研究者找部分学生调查,多数学生说:题目没什么难的,就是考试时马虎了。其实,他们所说的"马虎",正是由物理前概念对学生解题心智的影响所致。这些影响是根深蒂固的,传统的教学方法很难将此消除。

### 3.物理前概念对学生解题心智影响的分析

运用Spss11.5统计软件对物理前概念对学生解题心智影响的问卷调查与测试卷成绩进行Pearson积差相关分析,结果显示:高二相关系数为-0.461,其显著性概率$P<0.01$(双侧检验);高三相关系数为-0.377,其显著性概率$P<0.01$(双侧检验)。这表示物理前概念对高中学生解题心智影响的问卷调查与测试卷成绩,无论是在高二还是在高三都存在负相关,这与理论研究是相一致的。

## 五、研究结论

通过研究,我们得出以下结论:尽管高中学生已经学习了几年的物理,对物理的概念、原理和规律也有了相当的了解,但是在解物理题时,相当一部分学生所学的物理知识不能迅速被激活,物理前概念占据了他们的思维,对他们的解题心智产生了较为严重的影响。这些影响表现在以下几个方面:第一,物理前概念影响了学生解题思维的起点;第二,物理前概念影响了学生解题思维的方向;第三,物理前概念影响了学生解题思维的过程;第四,物理前概念影响了学生解题思维的结果;第五,这些影响是如此的根深蒂固,以致在学生头脑中形成了非常固定的思维定势,即物理前概念影响了学生的解题心智模式。研究者认为,这种解题心智模式是由学生长期在解题过程中受物理前概念影响而形成的固定的认知方式和思维习惯,它左右着学生思考问题的方向,往往使学生解题时习惯性地依据先前的经验认识和一些假设。学生在解题时,如果心智模式不能改变以适应题目的情境和需要,就会阻碍他们的思维,所学习的物理概念、规律或方法、技巧都会碰到"心智模式"这块隐在暗处的顽石。

# 如何改变学生的解题心智模式

从我们所做的测试中可以发现,很多学生由直观感觉带来的错误、或知识迁移的负效应、或语言带来的曲解、或不正确的课外渠道,都形成了较为广泛的错误前概念。例如:相同质量的铁和棉花,铁比棉花重;冬天室外的铁块比木块温度低;车不拉就不走;看到电阻的定义公式 $R=\dfrac{U}{I}$,理所当然地认为电阻的大小与电压成正比,与电流成反比;匀加速运动就是速度逐渐增加的运动;"裂变"就是把整体分为部分,所以把一些放射性元素的衰变也都归为裂变;重量、重力和质量三者不分;路程和距离互相混淆;电容器概念与描述电容器容纳电荷本领的电容不分;等等。其他的许多研究也证明了物理前概念广泛存在于学生的头脑中。

先入为主的前概念影响学生的解题心智,且由于心智模式隐而不见,而且具有自我增强的特性,它常常变得根深蒂固,难以改变。那么,如何改善解题心智模式呢?

## 一、前概念影响解题心智的方式

从国内外的研究和我们的观察可知,前概念的来源较为广泛,有的是生活经验,有的是在学习过程中由于不当的理解造成的。学生一旦在头脑中形成了错误的前概念,那么这些前概念就具备了如下特点:①在学生头脑中具有一种稳定的认知结构;②不同于科学的概念;③会对学生如何理解自然现象并作出科学的解释产生重要影响。

霍华德曾经以皮亚杰的认知发展理论为基础,分析了错误概念的形成且在学生头脑中根深蒂固的原因。皮亚杰的认知发展理论体系中的一个核心概念就是图式。图式是指个体对世界的知觉、理解和思考的方式。我们可以把它看作是心理活动的框架或组织结构。在皮亚杰看来,图式可以说是认知结构的起点和核心,或者说是人类认识事物的基础。因此,图式的形成和变化是认知发展的实质。霍华德从图式理论出发,对前概念能够顽固地存在于学习者的头脑中的原因作了深入研究。他认为:一是概念需较长时间才能形成,学生的各种图式均在逐渐形成过程中;二是学生认为用已有的图式已足够应付日常生活,因而把在学校里所学的图式都存入单独的心理单元,或是由于学生的已有经验非常有限,看不出利用所给图式概括分析事物的必要性,觉得没有必要改变其已有的图式;三是有些新的图式虽然能够用来解决一些原有图式不能解决的问题,但是由于新的图式与学生的原有图式发生了严重的认知冲突,所以学生头脑中拒绝接受。

可见,学生拥有的对一系列相关问题的前概念并非是一些毫不相干的"点",而是已形成了一个较完整的理论体系,即使他们看到了某个概念的不足,也会作尽量小的调整,以维护自己原有图式的完整。图式的形成是学生在日常生活中长期建构的必然,在学生头脑中印象深刻,所以要用新的图式去代替原有图式并非易事。因此,研究概念转变的心理机制,采取有效的教学策略帮助学生实现错误概念向科学概念的转变是一项重要的任务。

这些错误的前概念,左右着学生思考问题的方向,影响了学生的解题心智,如何才能改变学生的这种学习状态,使学生不再在错误的泥淖里不能自拔呢?或者说通过什么方式,使学生的解题心智得到优化呢?

彼得·圣吉指出,改善心智模式的过程,从本质上是把镜子转向自己,试着看清楚自己的思考与行为如何形成,并尝试以"新眼睛"获得新的信息,以新的方式对其进行解读、思考和决策。从本质上看,这是一个自省、学习、创新和变革的过程,包括如下四个步骤:①觉察——开放的头脑;②检验——开放的心灵;③改善——开放的心灵;④植入——开放的意志。

需要说明的是,这一过程的四个步骤并不是截然分开的,改善心智模式的过程也不是单向的,更不可能一蹴而就,而是非常微妙、复杂、困难的。甚至当你或他人认为你已经发生改变时,一些根深蒂固的观念或习惯仍然自觉不自觉地左右着你。

理论和实践告诉我们,要改变学生错误的思考方式,必须先消除他们头脑中的错误前概念,然后在这个基础之上,引导学生正确地思考,这样才能使解题心智模式得以优化。

## 二、错误的解题心智模式的外显形式

物理前概念是学生长期与物理环境作用通过主体的建构而形成的,对物理学习既有积极的作用也有消极的作用。正确的物理前概念是物理学习的良好基础和铺垫,它的正迁移作用可成为物理概念学习的资源和概念学习的新的增长点,可使学生尽快地掌握新的概念和知识结构。学生在学习物理前已对生活中的一些物理现象和规律有所了解,如:在热学方面,他们有了冷热的不同感觉;在光学方面,他们对照相机照相、近视眼和远视眼、马路上的油膜色彩等充满了好奇;等等。而且对这些已知物理现象的了解和好奇是新知识学习的基础,有助于激发他们进一步学习物理的兴趣,促进正确物理概念的建构和意义学习。

一些情况下,对物理现象、过程、材料的片面或错误理解而产生的前概念,将会成为学生学习物理的障碍,这些错误的前概念如果得不到及时纠正,将影响学生对物理新知识的同化和顺应,甚至歪曲新知识,使他们形成错误的思维,致使学生觉得物理难学。错误的前概念若不能及时地转变为科学的概念,会影响学生认知结构的构建,而认知结构的好坏决定了问题解决的好坏,体现了一个人的能力水平;也会影响学生问题解决的方向,即影响着学生的解题心智模式。具体引起的解题心向有下列几种表现:

(一)感性经验先入为主

在日常生活中,学生从大量的物理现象中获得了不少物理方面的感性知识,但是这些凭直观感觉学习到的东西不一定正确,相反,它很容易成为错误的根源。如:许多学生误认为摩擦力总是阻碍物体的运动,对"摩擦力可作为动力"难以接受等。

(二)想当然(即熟题效应)

想当然,一般是学生的主观意识在作祟,学生常常忽略某些结论的适用条件或范围而任意推广,对一些关键的字句熟视无睹,不注意题中的条件变化,做题时乱套公式。如:错将"失重"状态当作物体的重力消失;一切弹簧振子的回复力都是弹簧的弹力,而忘掉了教材中的例子是在水平面上振动的;带电粒子在匀强磁场中一定作圆周运动,而忘掉了带电粒子在匀强磁场中作圆周运动的条件等。

### (三)不正确的直觉和想象

当学生对一些物理现象无法做出正确的分析进而得出正确的结论时,就只能凭借自己的直觉和想象简单地得出结论。如:将同向电流相互排斥的形成机理等同于同性电荷间的相互作用力;不同频率的机械波在同一传播介质中传播速度相同,想象出不同色光在同一传播介质中传播速度也相同;摩擦力的大小与正压力成正比,于是认为手握酒瓶静止于空中,当手上增加握力时,摩擦力也跟着增大等。

### (四)逻辑错误

概念的逻辑错误是指学生对概念间的逻辑关系混淆,随意地将一些非因果关系理解为因果关系。如:物体静止时速度为零,一些学生就会由此推论出"速度为零的物体处于静止状态";由作匀速圆周运动的物体合力指向圆心,推论出"凡是作圆周运动的物体其合力必指向圆心"等。

### (五)"数学惯性"造成的负迁移

学生由于从小就接受数学教育,在思考物理问题时常常有"数学惯性",用数学关系来理解物理概念。所以学生往往重视有形的数学形式,而忽视了无形的深刻的物理概念。如:对电容的定义 $C=\dfrac{Q}{U}$ 的理解就存在这样的情况,有的学生认为 $Q$ 越大,$C$ 越大,$U$ 越大,$C$ 越小;物体作匀加速直线运动,加速度可以通过 $a=\dfrac{v}{t}$ 来计算,有的学生认为 $a$ 与 $v$ 成正比,与 $t$ 成反比。

### (六)不当的教学方法

教师在讲解物理知识和演示物理实验时,往往为了某个知识点的教学,突出某一方面的现象或结果的观察和分析,而忽视了相关的其他知识,这很容易造成学生以偏概全。如在讲授简谐振动概念时,教师总是以水平方向的弹簧振子为例,强调振子的回复力是振子所受的合力,振子在平衡位置速度最大,回复力为零,也即物体所受的合力为零。部分学生只记住了回复力是物体所受的合力,在振动的平衡位置合力为零。而对于其他的简谐振动(如单摆),教师并未作具体的分析——回复力是否一定是合力,在平衡位置合力是否一定为零,这种突出某一方面的现象在教学中还是较常见的。

## 三、改变解题心智模式的策略

对于物理前概念,我们不能持全盘否定的态度,必须用一分为二的观点来分析对待。若在物理概念教学中对前概念关注不够,那么将影响物理教学的有效性。在物理教学中,转变学生的前概念,就是要改造和重组学生原有的知识结构。

皮亚杰的认知发展理论认为:人的心理发展是通过其认知结构的发展而实现的,而图式是指个体对世界的知觉、理解和思考的方式,是认知结构的起点和核心,或者说是人类认识事物的基础。图式的形成和发展是认知发展的实质。每当个体面临新的刺激时,总是试图先把它纳入到头脑中原有图式中,以引起个体原有认知结构量的变化,这个过程叫作同化。如果个体头脑中已有的图式不能同化新刺激,他就必须修改原有图式或者重新建构图式,以容纳新刺激,这个过程叫作顺应。

由皮亚杰的认知发展理论我们不难看出:同化是引起认知结构的量的变化,而顺应是引起认知结构的质的变化,可见顺应的难度远远大于同化。因此,面临新知识、新问题时,学生总是试图采用同化的方式去学习、去理解。当无法同化时,他们才试图采用顺应的方式。若学生不理解新知识与头脑中已有认知结构有着本质的不同,则他们很可能采取头脑中已有的与新知识不相符的认知图式去同化它,这就是我们常说的前概念影响了学生的解题心智。

国内外近二十年的科学教育研究把科学学习看作是学生关于自然现象的原有概念的发展或转变,研究发现:认知冲突是影响概念转变的重要因素,因此有效转变学生概念的教学策略必须要让学生产生认知冲突。

　　Clement认为，可以通过预测让学生说出前概念，从而让学生自己意识到自己前概念的存在；鼓励他们对比前概念和科学概念，产生认知冲突；另外，要加强学生间的合作学习，因为同学间的讨论对于他们定性理解科学概念是非常有益的。

　　上述研究成果和皮亚杰的认知发展理论，为我们转变学生错误的前概念提供了可操作的方法。

### （一）进行教学前测

　　对于前概念及其转变的研究来说，诊断学生错误的前概念非常重要。教师在教授新知识之前，应采用诊断性的测试方式，如谈话法、概念地图法、问卷调查法等，了解学生的原认知结构。这样，一方面进行教学前测或者提问，能激活学生的经验图式，让它从隐蔽之处呈现出来，为学生的重新建构提供了基础框架，学生可以根据自己原有的认知结构对新概念的学习进行同化和顺应，以避免在大脑一片空白的情况下进行无意义的接受学习；另一方面，进行教学前测并及时反馈，能够有效地激发学生的学习动机。学生习惯于用原有图式进行问题解决，当教师给予错误答案的反馈信息时，会沉重打击他们的原有认知图式。反馈结果会使学生对一些现象感到困惑甚至出现反叛情绪："我哪里错了？我有事实作为依据"，"如果答案错误的话，老师你对这个现象又将如何解释？"此时，学生的大脑无比兴奋，内在的学习动机非常强烈，用原有认知图式进行问题解决的失败促使他们迫切地想要知道原因，甚至想根据自己的事实去推翻教师的结论。

### （二）开展合作学习

　　Meltzer在教学中尝试了"flashcard"教学策略。首先，把与所讲授概念有关的选择题写在黑板上，这些问题的不同选项可以引起学生讨论；然后，学生进行小组讨论，有时一个小组会挑战另一个小组；再次，思考和讨论之后，学生高举写上答案的flashcard，从而鼓励所有学生积极参与；最后，教师针对学生flashcard中所表现出来的前概念进行科学概念的讲解。测试结果表明，这种方案可以解决传统教学中草率对待重要概念的问题，从而让学生更好地理解概念。

Vygotsky认为,同辈群体间的合作学习优于个体单独学习。在小组合作学习中,学生间、师生间的口头交流是整个教学的枢纽,口头交流可以使学生的思考和推理过程外现,同时可以帮助教师考查学生所掌握的概念和科学概念之间的距离。学生对于概念的认识水平会在学生间的讨论及教师对科学概念的讲解中不断提高,其错误的物理前概念也会渐渐转变为科学的物理概念。

### (三)创设问题情境

创设问题情境是引发学生认知冲突的有效手段。教师借助一定手段设置能使学生产生认知困惑和冲突的问题情境,从而造成悬念。这样,一方面可以唤起学生的思维注意,活跃课堂气氛;另一方面能激发学生的情绪注意,使学生从情感上参与课堂教学。

在物理课堂教学中创设问题情境,主要有以下几种途径:①利用演示实验创设问题情境。例如,在"磁场对运动电荷的作用力"一节的教学实践中,通过阴极射线在磁场中偏转的演示实验,一下子把学生吸引到课堂教学中来。②精心设计引导式问题创设情境。例如,为了让学生认识磁场有强弱,先让学生猜想磁悬浮列车靠什么力悬浮起来。③通过学生意想不到的错误创设问题情境。例如,在探究安培力的方向与哪些因素有关的实验中,先让学生猜测安培力可能的方向,多数学生认为沿磁场方向。

### (四)重视探究与体验

概念的形成和发展过程对于每个学生来说都是不一样的,因此在教学过程中要尽可能地让每个学生依据自己独特的发展方式进行科学概念的学习。探究式教学为每个学生提供了通过各种途径形成概念的条件,满足了每个学生自主学习、探究问题的天性。学生可以从所要探究的概念出发,阅读课本或查阅有关资料或与同学、老师交流,收集有关的材料,然后对材料的分析提出主观的猜想,并亲自动手设计实验来进行验证。在探究过程中,通过丰富的体验和感悟逐步纠正一些错误的观念和看法,为获得科学概念提供有力的心理支柱。

### (五)精心编制概念测试题

利用一套简单的概念测试题随堂测验学生的掌握情况,每一个问题涉及单一的基本概念,这些问题有助于学生在做习题之前集中注意力正确地理解概念。

概念测试题的基本标准:①集中到一个概念上,如果题中不止包括一个概念,则将很难解释测试结果和正确评价学生的理解程度;②不能靠公式去求解,如果学生能依靠公式给出答案,则学生的回答不足以反映他们对概念的真正理解;③有足够多的选项,不正确的选项应该能反映学生最普遍的对概念的错误理解;④语言表达准确;⑤难易得当。

### (六)采用电脑技术互动的教学策略

Howe认为计算机辅助学习可以使一些常规条件下无法完成或无法直接观察的物理实验通过电脑模拟得以重现,从而促进学生的认知冲突,达到对物理概念的真正理解。Thornton和Sokolff设计了Mieroeomputer-Based Laboratory(简称MBL)教学工具,其主要作用是让学生在第一时间得到实验数据并进行处理和分析。后来,他们又在MBL的基础上设计了基于电脑互动的讲座式示范教学(Mierocomputer-Based Interactive Lecture Demonstrations,简称ILD's),其主要程序包括:预言真实物理实验的结果,小组讨论,观察实验结果,对比预言和实验结果。在ILD's课程中,MBL在前概念与科学概念之间建立了桥梁,学生可以通过预言和对实验结果的观察,促进其产生认知冲突。

Driseoll认为,好的教学就是要呈现给学生真实的情境,让学生自己动手,预测将会发生的结果,然后产生疑问,从而促进学生自己寻找答案,并与他人的结果进行比较。根据Piaget的理论可知,学生利用实验亲自证实科学定律远比教师证明这些定律有意义,而且学生也更能记住。ILD's课程提供了鼓励学生自发完成学习活动的学习环境,学生可以通过真实的活动获得对物理概念的理解。

### (七)把镜子转向自己

把镜子转向自己,是心智模式"修炼"的起步。借此,我们发掘内心世界对外界事物的反映,使这些反映浮上表面,并加以审视。在此过程中,我们可以运用反思的技巧,放慢思考过程,这样我们更容易发现自己的心智模式,以及它如何影响我们的行动。

改善心智模式归根结底只能靠自我的持续"修炼",他人无法替代,外界的条件也只是一些促进或激发因素。因此,持续"修炼"是改善心智模式的不二法门。

# 物理前概念对学生解题思维影响的研究

## 一、物理前概念对学生解题思维的影响

研究者对所任教的两个班的学生解题状况进行了跟踪调查,其中重点跟踪班级前20名的同学,时间长达三年。每次测验、考试后,研究者都整理学生解错的题,然后根据错题找学生晤谈,让他们尽量回忆当时解题的情形,虽然由于时间的间隔,少数人表示想不起来了,但大多数人能回忆起当时解题的思路。研究者把他们的思考过程记录下来,同时还利用习题课的时间收集学生解错的题。上习题课时,研究者不是直接分析讲解,而是先让学生思考尝试去解,然后研究者在教室中来回观察,发现有学生做错题就在该生面前停下来。研究者先不告诉学生题目做错了,而是询问他:为什么这样做? 你是怎么想得? 理由是什么? 之后,把他们的想法记录下来。

这样经过三年的调查和与学生晤谈,研究者发现学生解错题时并不完全是概念不清、不懂,或粗心。学生知道物理的概念、原理、公式,但解题时想不起来,显然是物理的前概念影响了他们的思维。研究者对收集的资料进行了概括分析,将物理前概念对学生解题思维的影响归纳为以下四个方面。

### (一)物理前概念影响学生解题思维的起点

学生拿到物理试卷看完题目后,头脑中首先被激活的不是物理的概念、原理、公式,而是物理的前概念。他们用这个前概念去理解问题,用头脑中原有的"框框"去解决问题。所以,他们解决问题的起点是他们头脑中的前概念。

如:(高一填空题)物体从 $A$ 点到 $B$ 点沿直线运动,建立如图的数轴,则物体位移为____米;若物体运动到 $B$ 点后再回到 $A$ 点,则物体的位移为____米。

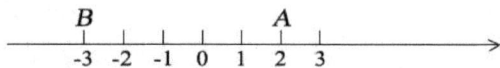

这道题不少学生填5米、10米。研究者问他们为什么是5米、10米,他们从容地回答:从A点运动到B点,共5段,每一段1米,共5米,再回到A点,加起来一共10米,所以答案为5米、10米。显然,他们首先想到的是运动的长度,因为对于他们长度是早就熟知的概念。于是,位移的概念被抑制了,没有被激活,所以他们的思维活动就沿着这个前概念去解决问题了。研究者追问:"你知道这个题目考查什么知识吗?"学生很迷惑,反问:"不对吗?"研究者提示:"你看到题目中的'位移'两个字了吗?"此时,学生瞪着眼睛看了研究者一会,迅速地把题目又看了一遍,突然醒悟了,大声地说:"知道自己错在哪里了。"

再如:(高一单选题)某物体的位移图像如图所示,则下列说法错误的是(    )

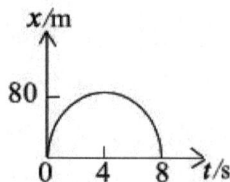

A.物体运行的轨迹是圆

B.物体运行的时间为8s

C.物体的运动所能达到的最大位移为80m

D. $t=4$ 秒时,物体运动的瞬时速度为零

这道题很多学生选A项。询问其理由,他们说:B项和C项很容易排除掉,关键在于D项。D项中说物体运动的瞬时速度为零,头脑中闪现出运动的物体其速度怎么可能是零呢,在他们的生活经历中没有这样的运动,于是排除D项。A项中物体运动的轨迹是圆,这在他们的生活经验中是可能的。于是,他们选择A。此时一些同学意识到选A似乎不太对劲,来得太容易了点,再回头审视D项,想到的仍然是运动物体速度不可能是零,那么只有选A了。研究者追问:你知道轨迹与位移-时间图像的区别吗?你想过如何利用位移-时间图像求瞬时速度吗? 有的学生说没想到,有的学生说没注意,也有的学生说不会。

从这两例可以看到,学生学习的物理知识在遇到问题时没有被激活,他们头脑中有自己的想法。这就与罗莎琳德·德赖弗、埃迪特·格娜等人所说,学生的有些想法是通过实际的体力活动以及与他们周围人交谈,或通过传播媒介等在日常生活中各个方面体验的结果。这些想法一旦形成,学生就会用它们去构造各种概念模型,用它们去理解他们遇到的生活现象。而概念模型一经在他们头脑中形成,有些就出乎意料地牢固,在教学中不易更改。这也便成了他们解题思维的出发点。

### (二)物理前概念影响学生解题思维的方向

当学生遇到问题时,尤其是题目中涉及过去的经验时,他们的思维就不是按照物理的逻辑进行了,而是沿着他们头脑中前概念的线索进行思考,继而沿着这个方向去解释和迎合遇到的问题。在学生看来,他们的回答似乎很完整,至少在他们的眼中是合理的,对解释和迎合的问题是行得通的。尽管在老师看来,这些学生的回答可能不仅不能被接纳,而且可能离题万里。

如:(高一单选题)一物体置于粗糙的水平地面上,按如图所示的不同位置放置,在水平力 $F$ 作用下匀速运动,设地面与物体各接触面的动摩擦因数相同,则木块受到的摩擦力的大小关系是(　　　)

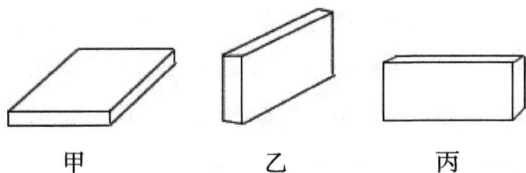

甲　　　　　乙　　　　　丙

A. $f_甲 > f_乙 > f_丙$　　　B. $f_乙 > f_甲 > f_丙$　　　C. $f_丙 > f_乙 > f_甲$　　　D. $f_甲 = f_乙 = f_丙$

这道题很多学生选择了B项。他们为什么会选择B项呢?研究者与学生晤谈后才知道他们怎么想的。学生看完题目后,头脑中印象最深的是物体放置的方式,这立即使他们联想起生活中的针、刀、斧子等物品,并且认为面积越小受到的压力越大(注意学生认为是压力而不是压强,压强是初中学的,此时他们已想不起来了)。这些现象强化了学生对这个问题的认识,同时他们依稀记得摩擦力的大小与压力大小有关。然后,他们在头脑中把甲、乙、丙三个图所产生的压力进行排序,正好B项与头脑中的"框框"相吻合。于是,他们选B确信无疑了。

再如:(高一单选题)运动员用双手握住竖直的竹竿匀速攀上和匀速下滑时,他所受的摩擦力分别为$f_1$,$f_2$,那么它们的关系是(　　)

A. $f_1$的方向向上,$f_2$的方向向下,$f_1 > f_2$

B. $f_1$的方向向下,$f_2$的方向向上,$f_1 > f_2$

C. $f_1$的方向向上,$f_2$的方向向上,$f_1 = f_2$

D. $f_1$的方向向下,$f_2$的方向向下,$f_1 > f_2$

这道题大多数学生选B项。学生的思维没有从研究对象、受力分析出发,而是从他们头脑中的前概念出发——也就是头脑中的"框框",用"框框"去同化或顺应遇到的问题,一旦能够纳入到他们头脑中,那便是正确的答案。当读完题目后,学生的关注点在于运动员向上运动和向下运动。他们只记得摩擦力是阻碍物体运动的,生活中运动的物体会慢慢地停下来便是最好的证明,这在他们头脑中是根深蒂固的。至于高一学过的摩擦力的相关知识,由于学得不牢固,他们没有达到应用的程度。即便有些学生学得牢固,但遇到生活中熟悉的经验时,首先被激活的依然是物理的前概念。然后,他们利用头脑中的前概念进行他们自认为合理的推断。运动员向上运动,摩擦力的方向应向下;运动员向下运动,摩擦力的方向应向上。此时,"匀速"两个字他们视而不见,又或者他们想到生活中向下滑比向上爬要轻松得多,于是他们推断向上用的力比向下的力要大,这一推理与B项正好相符合,答案便是B项了。那些似乎是合乎逻辑的——当然是他们头脑中自有的逻辑,于是他们按头脑中的物理前概念沿着这个思维的方向求得了问题的答案。

## (三)物理前概念影响学生解题思维的过程

物理前概念影响学生解题思维的过程可以概括为以下三个方面:

一是,在解题过程中前概念进行迁移,或进行错误的推广。这种现象在学困生身上表现尤为突出。因为学困生的物理基础知识不牢固、不清晰、不稳定,练习量也不足,所以他们缺乏相应的程序性知识。而且在解题练习过程中,他们不注意学科上位基础知识与下位的问题情境类型建立条件化的联系。这样在面对问题情境时,若要解决认知冲突,他们头脑中检索不到相应的物理陈述性知识和程序性知识,相反,激活了他们头脑中的物理前概念和由此形成的"框框"。当然,有时它们并没有效果,与一些情境完全不吻合,但这时学生会检索到零碎的机械记忆的物理知识,把头脑中其他前概念迁移过来,或进行错误的推广,然后来解决认知冲突。

如:在高一上完弹力、摩擦力后,研究者要学生作受力分析图。如图所示,物体A处于静止状态,请画出物体A所受到力的示意图。

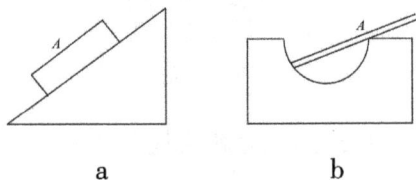

a        b

对于图a,学生常见的答案有这两种情况,如图甲和图乙。

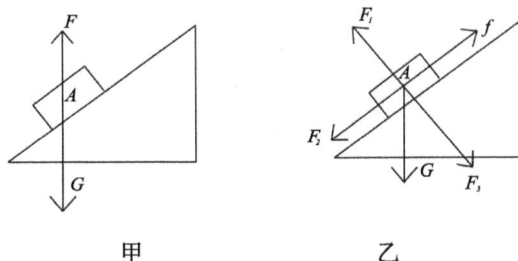

甲        乙

学生为何会画成这样呢?通过与学生的谈话,研究者了解到他们的思维。弹力、摩擦力在高一上学期是新学内容,比较抽象,再加上缺乏必要的练习,弹力、摩擦力的上位基础知识与下位的问题情境类型没有建立条件化的联系。这样当他们面对问题情境时,所学的弹力、摩擦力的相关知识不能及时被激活,而头脑中又没相应的前概念知识,于是,头脑中的"框框"以及先验的解决问题的策略迁移过来,用以解决这个新的问题。重力的方向是竖直向下的,这是学生关注的中心。题目中的"静止"两个字使他们联想到初中的二力平衡,这样为了顺应二力平衡的条件,他们构造出一个力与重力相反。于是,学生画出上图中甲答案来,而且这在他们看来是合情合理的。

作出图乙的学生,他们记得重力的方向,也记得弹力的方向,但是他们始终坚定头脑中的前概念,即斜面上的物体要受到下滑力的作用,于是画上力$F_2$。画完后再看一下题目,"静止"两个字牢牢地印在大脑中,然后他们联想到初中的二力平衡,为了顺应二力平衡的条件,又画出摩擦力$f$,但他们立即意识到弹力方向上不能平衡,于是又构造出一个力 $F_3$ 以顺应二力平衡。

对于图 b,最常见的错误是下面的画法,此图的思维过程与图 a 的思维过程几乎相同,这里不再赘述。

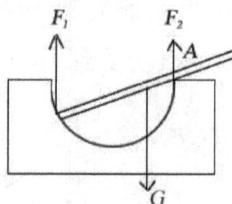

二是,学生习惯于用物理前概念解决他们所遇到的问题,这种解题的经验使他们在解题过程中倾向于用已知的解决未知的,主要表现在盲目地乱套公式,而不考虑物理公式的适用条件与范围。

如:(高一模拟题)如图所示,重为20N的物体在水平力 $F$ 作用下沿竖直墙壁匀速下滑。若动摩擦因数为0.2,则水平力 $F$ 的大小是多少?

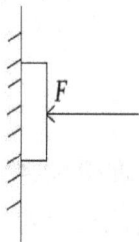

很多学生这样计算:由 $F=\mu F_N=0.2\times20N=4N$。这是怎么思考得呢?有的学生头脑中没有相应的程序性知识,也没有相应的题型中心图式;有的学生有,但不熟练,达不到应用的程度。他们看完题目后头脑中记住的是摩擦力,立即联想到前面学过的摩擦力的计算公式 $F=\mu F_N$,然后代入数字计算便可。这种现象在高一具有普遍性。

再如:(高三模拟题)如图所示,平行金属导轨间距为50厘米,固定在水平面上,一端接入电动势为1.5V、内电阻为0.2Ω的电池,金属杆 $ab$ 电阻为2.8Ω,质量为 $5\times10^{-2}$kg,与平行导轨垂直放置,其余电阻不计,现加一与金属杆夹角为60°的磁感应强度大小为0.8T的匀强磁场,则刚开始接通电路的瞬间,求:(1)金属杆所受的安培力的大小;(2)此时导体棒对轨道的压力有多大?($g$=10m/s²)

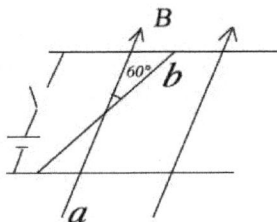

第(1)小题,有一部分的学生解法是:

$$I=\frac{E}{R+r}=\frac{1.5}{2.8+0.2}=0.5(\mathrm{A}),$$

$$F=BIL=0.8\times0.5\times0.5=0.2(\mathrm{N})。$$

学生对题目中的磁感应强度的方向与金属杆的夹角是60°视而不见,这是因为安培力的计算公式他们太熟习了,所以习惯于用已知的去解决未知的。

三是,学生遇到一些困难的题目时,倾向于忽略看不懂的文字,或用头脑中的前概念去理解模糊的文字,然后用他们头脑中的"框框"去解决问题,如不行他们还会构造出一个法则来顺应,以解决认知冲突。

如:(高一单选题)下列说法中正确的是(　　　)

A.有弹力必定有摩擦力,有摩擦力必定有弹力

B.轻杆不同于轻绳,弹力的方向可以不在杆的直线方向上

C.摩擦力的大小一定与物体所受的重力大小成正比

D.摩擦力的方向总是与运动方向相反,起阻碍物体运动的作用

选C项或D项的学生较多。他们是怎么思考得呢?静止放在水平桌面上的物体有弹力没有摩擦力,这一点他们是清楚的。当看完B选项时,他们头脑中一片空白,于是思维在这里停顿下来,想了一会也不知其意。然后,他们便把它忽略掉,思维跳到下一个选项。一些学生记得老师讲过压力等于重力,所以由$F=\mu F_N$认定C选项正确。另外一些学生看完C选项后,觉得它有点不妥,接着看D项,"摩擦力……与运动方向相反("总是"两个字被忽略)……阻碍作用",这与头脑中的前概念是相吻合的,于是选择D。

再如:(高一单选题)如图所示,静止在光滑水平面上的物体A,一端靠着处于自然状态的弹簧,弹簧另一端固定。现对物体作用水平恒力,在弹簧被压缩到最短这一过程中,物体的速度和加速度变化情况是(　　　)

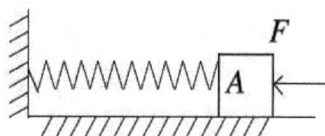

A.速度增大,加速度增大

B.速度增大,加速度减小

C.速度先增大后减小,加速度先减小后增大

D.速度先增大后减小,加速度先增大后减小

学生选择A项的居多。研究者对选A项的学生分别作了访谈,发现他们思维的程序基本上相同。事实上,他们都看不懂题目是什么意思,于是在头脑中干脆把条件都忽略,让思维集中在物体受到力的作用上。他们想既然物体受到了力,弹簧将被压缩,然后联系生活中的经验知道,在力的作用下物体的速度会增大。既然速度增大了,加速度也会增大,这一推理与答案A是相吻合的。故此,学生认为选A无疑。

(四)物理前概念影响学生解题思维的结果

当遇到困难的问题时,学生往往会产生焦虑情绪,希望更快地解决问题,故把思维集中在问题的目标上。但是他们头脑中缺乏相应的知识组块,短时记忆的容量又有限,所以记不得题目中的全部条件,只能记得与前概念相关的条件。如果是选择题,他们会直接从选项出发,选项中有符合他们头脑中前概念的,便会认定那是正确的选项。

如:(高三单选题)如图所示,用一端固定在墙上的细绳拴一个质量为$m$的小球,小球将固定在墙上的轻弹簧水平压缩的距离为$x$,球离地高为$h$,球与弹簧不粘连,将细线烧断后(　　　　)

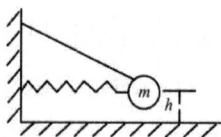

A.小球作平抛运动

B.小球脱离弹簧后作匀变速直线运动

C.小球脱离弹簧后作匀变速曲线运动

D.小球落地时动能等于$mgh$

多数做错题的学生都选了A项。那么他们为何选A项呢？研究者了解到他们的想法几乎雷同：当细线被烧断时，弹簧将球弹出，小球作平抛运动。因为这种把物体用力抛出去的运动，在学生头脑中早就存在了。当他们看到A选项时，便认为是正确无疑的，根本就不去思考其他的选项了。

有时，当学生解出题目答案时，他们会发现这个答案与头脑中的前概念不相符，此时他们会犹豫，结果怎么会这样呢？犹豫的结果是，大多数学生会放弃正确的结果，选择符合他们前认知的答案。

如：(高三单选题)如图所示，用绝缘细线悬挂着的带正电的小球在匀强磁场中作简谐运动，则（      ）

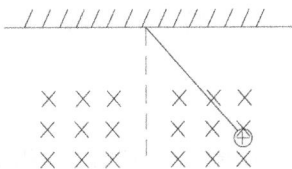

A.当小球每次经过平衡位置时，动能相同

B.当小球每次经过平衡位置时，动能不相同

C.当小球每次经过平衡位置时，细线受到的拉力相同

D.撤销磁场后，小球摆动周期变大

在阅卷时研究者发现，一些学生原来选择的答案是A，后涂改为C。研究者找来这些同学进行询问："为何把正确的改为错误的？"他们说："考试时，时间紧，没有认真分析小球的运动，起初由简谐运动的特点判断在平衡位置速度大小应相同，所以动能应相同，选A。但看到C项后，没有分析小球在平衡位置的受力状况，只想到细线拉着小球，而在同一位置拉力是不变的，这符合生活中的经验，没多细想，就把A改为C了。"

## 二、物理前概念影响学生解题思维的原因分析

前面论述了物理前概念对学生解题思维影响的四个方面，下面就来分析产生的原因。

## (一)认知结构不清晰、不稳定、不牢固

通过对学生长期观察、交流,研究者发现:物理前概念对学生解题思维的影响在中差生身上表现尤为突出。他们中的很多人在物理上投入的有效学习时间较少,头脑中的物理知识主要是上课听老师讲的。平时他们很少做练习,一旦遇到物理的难题,习惯性产生焦虑,回避解物理题,尤其是难度稍大一点的题。因为他们上课听到的知识只是记得,没有在头脑中主动建构,也没有达到应用知识解决问题的程度,所以他们的知识是不牢固的、模糊的,有时只是只言片语的。根据奥苏伯尔的认知结构迁移理论,影响迁移的一个重要因素是认知结构组织特点的清晰性、稳定性、概括性、包容性,所以学生只是机械记忆知识,不具备上述的特点,显然不能顺利地迁移。而面对认知冲突时,为了降低情绪焦虑,他们只能借助于头脑中的前概念。

## (二)缺乏程序性知识

中差生怕学物理,做题时他们会感到烦躁、焦虑。由于缺乏练习,他们头脑中缺乏很多解题相应的程序性知识,即便知道一些,其程序性知识掌握也不熟练。而产生式迁移理论告诉我们,迁移的发生取决于产生式的数量及熟练程度。当学生解决问题时,头脑中检索不到相关的程序性知识,导致解题时间过长,从而学生产生焦虑的情绪,进一步扼制了知识的迁移。人们有一种倾向,他们希望快速地找到行动方案,以解决认知冲突,排除心智紧张状况,这样他们倾向于迅速地从表面现象中得出结论解决冲突。于是,头脑中的前概念被激活,在自洽的逻辑中解决面临的问题。

## (三)缺乏相应的知识组块或题型中心图式

学生学习的知识是零散的,他们几乎不对学习的知识进行整理,主动建构物理的知识结构。所以,学生头脑中缺乏解题相应的知识组块或题型中心图式,或者他们虽然记得,但不熟练,达不到自动化激活的程度。于是,他们在解物理题时常常表现出思维迟钝,反应缓慢。研究者曾让一个学生做下面这道题:

两个大小不同的绝缘金属圆环,如图叠放在一起,小圆环有一半面积在大

圆环中,当大圆环通有顺时针电流的瞬间,小圆环中感应电流的方向为(　　)

A.顺时针方向　　　　　　　　　　　　B.逆时针方向

C.左半圆顺时针方向,右半圆逆时针方向　　D.无感应电流

研究者让学生边做边说出思考过程,于是学生边说"先判断大圆环中磁场的方向",边动手比划。

"小圆环中感应电流的方向?"他握着笔,样子沉思,嘴里又不停地说,"感应电流的方向?""不知道怎么做。"又过了一会儿说:"不会做了。"研究者问他:"你知道楞次定律解题的基本步骤吗?"他说:"不记得,想不起来了。"

然后,研究者向他详细地介绍了上课时讲过的有关楞次定律题型的中心图式和知识组块。他听了直点头,脸上也露出了笑容,不停地说"懂了,懂了,会做了"。按照楞次定律题型的中心图式,不一会儿,他解出了此题。

其实,学生面对物理题茫然不知所措,正是头脑中缺乏相应题型的中心图式或知识组块,以致解题没有任何方向,只能胡乱堆积一些公式。像与牛顿第二定律、动能定理、机械能守恒、万有引力定律等有关的一系列物理习题求解时,都需要相应题型的中心图式或知识组块,这样解题的思维才能顺畅。而一些学生由于对物理学习兴趣不大,或者怕学物理,他们实际投入的物理有效学习时间很少,这样他们头脑中缺少了物理题型的中心图式或知识组块。有时虽然有些印象,但不熟练,达不到自动化应用的程度,从而解题时出现思维障碍。故而为了解决认知冲突,他们只能求助于物理的前概念。

（四）欠缺元认知能力

学生解物理题往往是机械地照搬公式,缺乏对解题过程的反省。他们很少对题目的条件反思,很少挖掘题目的隐含条件,很少对计算的结果反思。而优秀的学生正相反,他们不停地思考着自己的解题过程,发现问题,及时纠正。

如:如图所示,用一根细绳通过定滑轮拉物体A,物体A静止不动。请画出物体A的受力分析图。

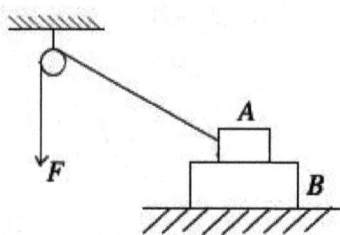

学生有的画成图a,有的画成图b,有的画成图c。

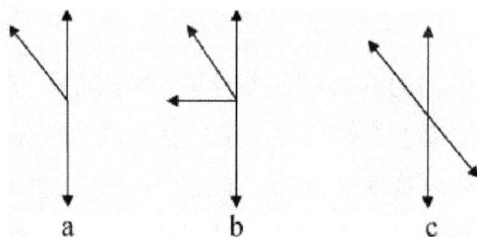

a             b             c

　　研究者发现,很多学生做完了题目就放下笔玩耍,不再进一步的思考,只是等待老师的讲解。他们不去想画的对与错,对题目给的条件——A物体静止熟视无睹也不去反思,也想不到"静止"要用二力平衡去判断一下。只有当老师提醒他们做错了时,他们才会去想:怎么会错呢? 在老师的提醒下他们才会注意到"静止"两个字,才会想到二力平衡,摩擦力的方向应沿着物体的接触面,才会恍然大悟。如果没有老师或其他人的提醒,他们或许永远发现不了题目中"静止"两个字。教学中这种现象可谓比比皆是,这正是缺少了对自我认知过程的反思——元认知所致,也就是学生一听就懂、一做就错的根源。

## 三、改善物理前概念影响学生解题思维的教学策略与实验研究

　　由于学生物理认知结构不牢固、不清晰、不稳定,学生缺乏解物理题的程序性知识和题型的中心图式,以及元认知能力的欠缺,导致了学生解物理题思维混乱。而为了解决认知冲突,他们习惯于用前概念去理解,用头脑中的"框框"结构去解决,这严重影响了学生学习物理的效果,教学中迫切需要改变这种思维方式,培养学生科学的思维方式,提高学生的思维能力。常规的教学对改变这种顽固化的影响收效甚微,我们需要应用一些新的教学策略。

### (一)改善物理前概念影响学生解题思维的教学策略

#### 1.把镜子转向自己

这是彼得·圣吉在《第五项修炼》中提出的,它是心智模式修炼的起步。物理前概念和心智模式的共同之处就是都隐藏在学生内心深处,不容易察觉,而且非常顽固,影响了学生解决问题的思维方式。教学中,教师让学生暴露头脑中的物理前概念,展示前概念影响下的解题思维方式,如习题课先让学生思考讨论,相互交流,相互探询,这样可以营造真正不设防的氛围,彼此之间暴露出隐匿在背后的受物理前概念影响的解题思维方式。而在学生讨论的时候,教师在教室中巡视,密切关注学生的讨论,收集学生解错题的信息,梳理受物理前概念影响的解题思维方式,然后与正确的解题思维步骤作对比,让学生体会解物理题的思维过程。

#### 2.采用尝试教学法

学生不能正确地解题,很重要的原因是其对物理的认知结构不牢固、不稳定、不清晰。传统的讲授式教学主要是学生被动地听,掌握的知识大多属于机械记忆,头脑中缺乏知识的主动建构,新旧知识之间也缺乏联系。为此,物理新课教学时教师采用尝试教学法。教师在备课时,认真地钻研教材,针对教材的内容设置若干个问题,而这些问题不能只是简单地回答是和否,也不能在教材中找到现存的答案,而是需要学生对教材加以理解、概括和总结后才能回答。同时,这些问题要密切联系学生的生活,让学生用所学的知识去解决实际问题。上课时,先让学生阅读教材,然后尝试着回答教师的问题,教师则根据学生的回答作进一步的补充说明。新课的时间控制在半个小时,接下来,再进行尝试练习。

#### 3.建立题型中心图式

题型中心图式是以特定问题为中心,为了有效解决某个问题而涉及的一组知识经验。它由解决问题所必需的陈述性知识、程序性知识以及策略性知识组成。运动学、牛顿第二定律、动能定理、机械能守恒、匀速圆周运动、万有引力、电场、磁场等,每一种题型都有相关的题型中心图式或大的知识组块。

以动能定理习题为例,学生要熟练地记住动能定理的公式,理解 $W$ 是合力所做的功,同时还要掌握相应的程序性知识:如果选定研究对象,那么确定过程的起点、终点;如果选定了起点、终点,那么进行受力分析;如果进行受力分析,那么先重力后弹力、摩擦力,再分析其他的力;如果受力分析了,那么判定哪些力做功,哪些力不做功;如果判定了力做功,那么根据公式 $W=\frac{1}{2}mv_2^2-\frac{1}{2}mv_1^2$ 代入已知条件求解。教学中,教师要通过一定量的练习让学生掌握这些题型的中心图式,使学生达到熟练应用的程度。

### 4. 采用顺向加工策略

专家与新手解决问题的差异在于新手多采用逆向思维,而专家常用顺向加工策略。教学中,教师要教会学生采用顺向加工策略。首先,要审题,对题目有个整体的了解,即心智修炼的系统思考。其次,根据题目要求画一幅草图,并逐字逐句地把题目文字表述的情境条件用物理符号进行表征,把已知的条件和未知的条件都标在图上。第三,根据已知的、未知的条件在头脑中搜索相关的物理原理或公式。第四,建立方程求解。

### 5. 进行梯度练习

提高物理解题的能力需要一定量的练习,否则学生对所学的知识掌握不牢固,或者所学的知识不能迁移到新的情境中。当然,对练习题难度要有科学的安排。试题过难,容易令学生产生焦虑情绪,时间长了会使学生失去学习物理的兴趣;试题过于容易,又会使学生不能进行独立思考,久而久之让学生产生思维的惰性。所以练习题,先从简单的开始,让学生熟练应用陈述性知识和程序性知识,当知识达到一定的熟练应用程度时,再提高试题的难度,这样学生既能体会到成功带来的喜悦,又能感受到成功的来之不易,从而促进学生思维能力的提高。

### 6. 提高元认知能力

在解题的过程中,要引导学生对解题的过程进行反省。这道题我怎么解?是根据自身的经验,还是依据物理的原理?我有没有看清题目的条件?有没有遗漏题目的条件?我利用题目中的已知条件了吗?哪些条件我还没有用?在解题的过程中,我有没有使用物理前概念去构造?我的解题结果是否正确?

### (二)改善物理前概念影响学生解题思维的实验研究

#### 1.实验对象

在安徽省当涂县丹阳中学2009届高一年级五个班中,选择研究者所任教的两个班。这五个班在入学时是按照中考成绩平均分配的,研究者所任教的两个班的学生的基本情况相同,任课教师也几乎相同。随机确定高一(5)班为实验班,高一(3)班为对照班。

#### 2.实验因素

在整个实验过程中,实验班和对照班都使用同一种物理教材,由研究者一人执教。各班授课时数相同,教学进度、教学内容相同。

对照班采用传统的教学方法,由教师讲授,学生听讲。实验班则采用新的教学方式,按照上述的教学策略备课教学。

实验结束后,统一测试他们的学习成绩并进行统计检验,从学习成绩变化的角度检验教学的实施效果。同时,采用面谈的方式与学生交流,了解他们对这种教学方法的评价以及这种方法对学生解题思维的影响。

#### 3.实验过程

干预实验:2009年9月2日至2010年1月26日,研究者在对照班按传统的教学方法教学,在实验班按预先设计的实验方案进行教学。

后测:2010年2月4日,用马鞍山市高一必修1物理统考试卷对实验班和对照班同时进行测试。

#### 4.实验结果

(1)学生成绩的变化。

实验的数据用Spss11.5统计软件进行分析。两个班的成绩成正态分布,学生成绩记为变量$P$。分组变量名为Group,其值为1表示高一(5)班的学生,其值为2表示高一(3)班的学生(见表1)。

表1　分组描述性统计结果（Group Statistics）

| 分组变量<br>（Group） | 样本容量<br>$N$ | 样本均值<br>（Mean） | 样本标准离差<br>（Std.Deviation） | 样本均值的标准误差<br>（Std. Error Mean） |
|---|---|---|---|---|
| 成绩变量　1 | 55 | 37.87 | 12.011 | 1.620 |
| $P$　　　　2 | 55 | 31.60 | 15.298 | 2.063 |

分析表1中的实验数据，结果见表2。

表2　独立样本$T$检验结果（Independent Samples Test）

| | 方差齐性检验结果（Levene's Test for Equality of Variances） | | 等均值$T$检验结果（t-test for Equality of Means） | | | | | |
|---|---|---|---|---|---|---|---|---|
| | $F$值 | 显著性概率（Sig.） | $T$值 | 自由度（df） | 双尾显著性概率（Sig.2-tailed） | 均值差异（Mean Difference） | 均值差异的标准差（Std.Errr Difference） | 均值差异的95%置信区间（95% Confidence Interval of the Difference）<br>对应上限（Lower）　对应下限（Upper） |
| 假设方差相等（Equal variances assumed） | 1.185 | 0.279 | 2.392 | 108 | 0.018 | 6.27 | 2.623 | 1.074　11.471 |
| 假设方差不相等（Equal variances not assumed） | | | 2.392 | 102.24 | 0.019 | 6.27 | 2.623 | 1.071　11.474 |

　　事实上，实验班人数为55人，对照班人数为57人。但由于考试时对照班有两个人缺考，所以两个班学生的样本数都为55人。从表1可知，实验班的均值为37.87，对照班的均值为31.60，这说明采用新的教学方法，实验班的成绩比对照班的有了较大的提高。实验班的标准差为12.011，对照班的标准差为15.298，两个班的标准差都比较大，说明无论传统的教学方法，还是新的教学方法，对一些基础差的学生而言，两种教学方法的效果都不好。

从表2可知,在方差齐性检验结果中,$F$统计量的值为1.185,其相伴概率为$P=0.279>0.05$,因此,认为两组成绩的方差具有齐性。在$T$检验结果中,应该选择假设方差相等一行的数据作为$T$检验结果的数据。经双侧$T$检验,$T$统计量的值为2.392,相伴概率为$P=0.018<0.05$,差异有显著性意义,可以认为实验班和对照班期末考试成绩有显著性差异。这也就是说实验班采取的教学策略对改善学生受物理前概念影响的解题思维是有效的。

(2)学生解题思路的变化。

实验后,研究者对一些学生进行了访谈,了解了他们解物理题的思路。研究者先选定一些隐藏着物理前概念的试题,让他们用"口语报告法"把解题的思维过程说出来,然后再记录下来。最后,研究者发现学生的思路有了一些明显的变化,说明教学训练的策略起作用了。他们基本学会了解物理题要先审题,再找出已知量和未知量,然后画图并在图上标明已知和未知的条件,接着根据已知和未知的条件寻找对应的物理原理或公式,最后进行求解。

(3)学生解题策略的变化。

不仅学生的解题思路发生了变化,而且解题的策略也有了改变。实验前,他们习惯于用头脑中的物理前概念去理解,而且自认为是正确的。他们解题常用的方法是逆向思维,且方向单一,做完题后,也不知道检查做得对与错——哪怕结果违背了最起码的常识。实验后,再观察学生做题,通过"口语报告法"记录他们的思维,发现他们多数情况下采用顺向思维,有时会继续采用逆向思维,有时甚至会把两者结合起来。他们的元认知能力有了提高,在解题的过程中他们会反省自己的思维,有时能够意识到自己是在用前概念来理解还是用物理的原理来理解,而且结果他们能够意识到自己解错了。虽然有时还是不会解,但他们至少不会去乱做了。

(4)学生学习物理兴趣的变化。

如果说实验前后学生有变化,那么较为明显的变化应该是学习物理的兴趣了。研究者多次晚自习到班上观察学生学习物理的情况,并把两个班作了对比,结果发现:晚自习时,实验班学习物理的人数明显比对照班的人数要多,实验班问物理题的人也比对照班的多,而且实验班学生问的题目的难度也比对照班学生问的难度大。从上课的表现上也可以发现差异,对照班的学习氛围还是那样的沉闷,学生提不起精神,课堂的气氛活跃不起来;而在实验班则有了明显的改观,课堂上学生回答问题踊跃,气氛相对要活跃得多。实验班学生掌握了一定的解题规律,感觉解物理题没有想象中那么难,他们学习物理的信心有了很大的提升,由原来的怕物理变得不那么怕了,甚至有那么一点喜欢了。

# 县域高中物理学困生转化研究初探

我们在研究前概念及前概念对学生解题心智的影响时,还将触觉伸向了学困生。这些学生有的丧失了学习动力,无论如何都不愿意学习;还有的学生学习相当努力,相当刻苦,可成绩总是很差。那么这些学困生是如何形成的呢? 是智力因素,还是学习方法不当? 为什么他们不能很好地消化、吸收书本知识? 根据研究,我们对学困生进行了界定,并对其提出了分类,而且还给出了提高学困生学习质量的教学策略。

## 一、高中物理学困生厘定

在分析收集的有关材料和梳理相关文献的基础上,参照目前安徽省综合素质评价方案,我们自编了学困生判定问卷。经测试统计后,提出高中物理学困生操作性判据,即在物理教学中,教师可从学生的平时成绩、作业正确率、课堂表现、物理情感和态度、实验能力、学段考试成绩、学生自我评级和教师评价八个方面来判定哪些学生是物理学困生。我们将每个考查目标设置为五个等级A,B,C,D,E:A等级对应百分制85分以上;B等级对应百分制70分以上,低于85分;C等级对应百分制55分以上,低于70分;D等级对应百分制40分以上,低于55分;E等级对应百分制40分以下。如果学生在这八个目标评价中有五个处于D等级以下含D等级在内,且教师评价也为D等级,那么操作层面上可认定该生为物理学困生。另外,本判定中的学困生,不包括其他学科诸如语文、数学、英语学段考试成绩都处于D等级以下的学生,这样就排除了不愿学习或智力低下的学生。

参照辽宁师范大学崔雪峰编制的物理学习兴趣自我评价表和广西师范大学科学教育研究所编制的中学生物理学习现状的调查问卷,我们编制了普通高中高一物理学困生成因问卷,并对我县高中11个平行班学困生进行了问卷调查。经统计和分析,我们获得了县域高中物理学困生的主要成因:课程标准和教材的要求略有偏高且有些信息难以阅读,学生学习方法较欠缺,教师课堂教学有效性差,实验教学较为薄弱,平时和阶段性测验缺乏引导性,对学生的评价方式过于简单和学生思维发展不足。研究者通过观察、座谈和问卷,结合多年的教学实践,认为可将农村高中物理学困生分成四个类型:思维滞后型、依赖懒散型、运动过渡型和暂时逆反型。

思维滞后型是指少数学生比同年级的其他学生年龄小,或身心发展相对滞后,导致他们一般能力滞后,从而阻碍了他们的物理学习,但这种物理学习困难会随着学生身心发展自动消失。

依赖懒散型是指有些学生从小娇生惯养,父母过分地照料、呵护,使他们独立性发展较差,不会安排自己的生活和学习,从而动手能力差,学习效率低下。

运动过渡型指少数学生天性好动,喜爱运动,又缺乏自制力,日常课余运动多,体能和时间消耗过多,造成学习时精力不够,也没有足够的时间认真完成必要的学习任务,从而导致物理学习困难。

暂时逆反型是家长对孩子疏于教育和管理,或教育方式不当,导致学生形成孤僻、自私等不良性格和反叛心理等。这些缺陷促使学生失去学习动力,而导致其物理学习困难。

## 二、县域高中物理学困生的转化策略

根据前人研究的转化策略和经验,结合学困生成因问卷的分析和自身在教学中的心得,我们提出了转化高中物理学困生要"以生为本"的策略:课堂教学采用先行组织者策略、台阶式教学策略和目标坡式作业策略。针对思维滞后型学困生配合变式练习策略、指导讨论法策略,针对依赖懒散型学困生配合小组合作学习策略、任务时间监控策略,针对运动过渡型学困生采用任务时间监控策略,针对暂时逆反型学困生采用物理学史理想教育策略、小组合作学习策略和增强自我效能感策略。

### （一）先行组织者策略

奥苏伯尔提出，促进学习和防止干扰的最有效的策略是适当利用相关的和包摄性较广的、清晰和稳定的引导性的材料，这种引导性的材料称为先行组织者。当学生解题顿悟出解决问题的程序性知识时，先行组织者中的上位命题应该恰好同化这个新知识，用命题语言承载起这个处在直觉经验状态的知识，使学生自觉地对其进行记忆和复习，在头脑中保留下来，转化为能力。在教学中，教师要设法促成上位与下位知识经验之间形成联系，每当遇到一个具体练习实例时，应将其加以强调，促使学生在今后学习中再次遇到类似的实例时，能不自觉地涌现出先行组织者中的上位命题。

### （二）台阶式教学策略

问卷统计结果中，有81%的学困生不能想象出物体的运动情况，57%的学困生不习惯独立思考。为了让他们在课堂上能够积极参与思考活动，建立物理模型，教师可有意将一道较复杂的题目分成1～3道小题来处理，也可以设计递进式的习题使学生达到教学目标。这样做，一方面降低了题目的难度，另一方面又能帮助学困生学会分步思考，能想象出物体的受力和运动等情况，从而解决了问题，也使学生逐步达到目标水平。这种循序渐进的教学方式，增强了学生的自我效能感。

### （三）目标坡式作业策略

问卷统计结果中，有88%的学困生缺乏学习物理的资源，79%的学困生不知道如何学习物理、不会选择资料等。鉴于此，研究者每上一节内容，都事先对照课程标准，查看相关资料，确定要识记的陈述性知识，要掌握的程序性知识和基本的解题技巧，并分批次布置课内外作业，让学困生逐渐学会或掌握教学内容。当学生遇到困难时，研究者给予最低限度的讲解和辅导，尽量使他们自主掌握技能。

### 三、县域高中物理学困生转化实验及数据统计

在调查问卷的基础之上,我们先对学困生进行了界定,然后拟定了转化学困生的策略后,最后在几所学校同时进行了实验。

#### (一)实验内容

探讨所设计的学困生转化策略实施后,对高中一年级物理学困生产生的影响。本实验的自变量是对实验班实施转化策略,因变量是实验班学生学困生的变化。

#### (二)实验范围

观察学困生的学习情感态度、学习方法、学习成绩和学习习惯在教学前后的变化,时间为一学期。注意收集资料,包括实验前前测试卷、实验后后测试卷、转化前后问卷和观察情况,然后将所得资料进行质与量的分析。

#### (三)实验对象

安徽省当涂县某完全中学高一年级两个平行班,这两个班级的共同点是:班主任都是化学教师,两个班级数学、物理、体育、美术和音乐教师是同一科任教师,语文教师都是新来的教师,英语教师都是学历相当的中年女教师,选定高一(A)班为实验班,班级人数为57人(学困生人数 $N=15$),高一(B)班为对照班,班级人数为58人(学困生人数 $N=15$)。

#### (四)变量控制

实验班和对照班都由同一教师任教,这样可以保证两个班在教学水平上基本保持一致。实验班在教学中采用以上提出的物理学困生转化策略,而对照班的教学跟平常教学一样。教学内容均为高中物理必修2。

#### (五)无关变量控制

为了减少不利因素的影响,突出实验因子的效果,课前分别准备好两个教案,而且不向任何一个班的学生透露教学实验之事。实验班备课时有意设计

相应的变式练习、目标坡式作业,每两个星期设计一次专门的讨论学习,讨论时教师先引导,学生再讨论,且教师穿插着必要的指导。

### (六)研究工具

马鞍山市高一物理必修1测试题为前测试题,再结合平时表现和成绩;高一物理必修2测试题为后测试题,再结合平时表现和成绩。

### (七)测试结果和初步讨论

#### 1.实验班与对照班前测差异性检验

实验班与对照班的学生平均分的差异性 $Z$ 检验, $Z=1.36 < 1.96$,所以在显著性水平 $\alpha=0.05$ 时,平均分没有显著性差异(见表1)。

表1　实验班与对照班学生的前测检验结果

| 班别 | 人数 | 平均分 | 方差 | 标准差 | 平均分差值 |
|---|---|---|---|---|---|
| 实验班 | 57 | 55.89 | 205.18 | 14.32 | −2.46 |
| 对照班 | 58 | 58.35 | 187.31 | 13.69 | |

实验班与对照班的学困生平均分的差异性 $T$ 检验, $T=0.41 < 2.048$ ( $T_{0.05/2(28)}=2.048$ ),平均分没有显著性差异(见表2)。

表2　实验班与对照班学困生的前测检验结果

| 班别 | 人数 | 平均分 | 方差 | 标准差 | 平均分差值 |
|---|---|---|---|---|---|
| 实验班 | 15 | 39.80 | 31.23 | 5.59 | −4.00 |
| 对照班 | 15 | 43.80 | 108.83 | 10.43 | |

#### 2.实验班与对照班后测差异性检验

实验班与对照班的学生平均分的差异性 $Z$ 检验,显然没有显著性差异(见表3)。

表3　实验班与对照班学生的后测检验结果

| 班别 | 人数 | 平均分 | 方差 | 标准差 | 平均分差值 |
|---|---|---|---|---|---|
| 实验班 | 57 | 47.33 | 315.17 | 17.75 | 0.04 |
| 对照班 | 58 | 47.29 | 359.38 | 18.96 | |

实验班与对照班的学困生平均分的差异性 $T$ 检验, $T=1.34 < 2.048$ ( $T_{0.05/2(28)}=2.048$ ),所以后测实验班和对照班的学困生平均分无显著性差异(见

表4）。

表4 实验班与对照班学困生的后测检验结果

| 班别 | 人数 | 平均分 | 方差 | 标准差 | 平均分差值 |
|------|------|--------|------|--------|------------|
| 实验班 | 15 | 36.47 | 132.92 | 11.53 | 5.40 |
| 对照班 | 15 | 31.07 | 95.40 | 9.77 | |

### 3.折算后实验班与对照班进行差异性检验

折算后实验班与对照班的学困生平均分的差异性 $T$ 检验。由于两次测试的内容、难度和时间不同,考试成绩不利于比较,但可以把第二次测试的分数进行等值转化后,再进行平均分差异性 $T$ 检验。其中, $b=0.875$, $a=18.58$,折算后实验班和对照班的分数检验结果见表5。

表5 实验班与对照班学困生的折算后分数检验结果

| 班别 | 人数 | 平均分 | 方差 | 标准差 | 平均分差值 |
|------|------|--------|------|--------|------------|
| 实验班 | 15 | 50.49 | 101.76 | 10.09 | 4.73 |
| 对照班 | 15 | 45.76 | 73.04 | 8.55 | |

计算得 $T=1.34 < 2.048$ ( $T_{0.05/2(28)}=2.048$ ),实验班与对照班的学困生折算后的平均分无显著性差异。

实验班前测(必修1)与后测(必修2折算后)学困生平均分差异性 $T$ 检验,分数检验结果见表6。

表6 实验班前测与后测学困生的折算后分数检验结果

| 类别 | 人数 | 平均分 | 方差 | 标准差 | 平均分差值 |
|------|------|--------|------|--------|------------|
| 前测 | 15 | 39.80 | 31.23 | 5.59 | 10.69 |
| 后测折算 | 15 | 50.49 | 101.76 | 10.09 | |

计算得 $T=3.47 > 2.048$ ( $T_{0.05/2(28)}=2.048$ ),这表明实验班学困生前后测试有显著性差异,可以认为是转化策略影响的结果。

对照班前测(必修1)与后测(必修2折算后)学困生平均分差异性 $T$ 检验,分数检验结果见表7。

表7 对照班前测与后测学困生的折算后分数检验结果

| 类别 | 人数 | 平均分 | 方差 | 标准差 | 均分差值 |
|------|------|--------|------|--------|----------|
| 前测 | 15 | 43.80 | 108.83 | 10.43 | 1.96 |
| 后测折算 | 15 | 45.76 | 73.04 | 8.55 | |

计算得 $T=0.54 < 2.048$ ( $T_{0.05/2(28)}=2.048$ ),这表明对照班学困生前后测试没

有显著性差异。

## 四、教育实验结论

### (一)学困生学习情感态度发生了趋良的变化

经过一学期教学实验,实验班的学生与对照班的学生相比,在学习物理的态度上有所转变,部分学困生开始喜欢学习物理。如有的学困生经常在班级里谈论物理学家的故事,还有的学困生养成了预习习惯。在实验后期,研究者对学困生进行了观察和谈话,发现约有三分之一的学困生课前已经在书上做了标记,多数学困生开始认真听课记笔记了,还能较积极地完成教师精心设计的作业,同时物理学困生们经过教育引导后普遍投入到物理学习上的时间比以前有所增加,大多数学困生课后学习物理的有效学习时间能达到每周2～3小时。另外,实验班的学生课后讨论问题的现象明显增多,这些都从侧面说明学困生对待物理学习的态度发生了转变,由原来的被动学习物理、害怕学习物理变得愿意学习物理了,他们的学习主动性和自我效能感明显增强。

### (二)学困生学习方法有所改进,更加注重物理过程

实验班的学困生在一学期的实验后,基本上能熟练推导教材中要求会推导的物理公式,能熟练写出常用的物理公式,并能说出这些物理公式和定律的关系、适用条件;解决具体问题时,学困生多数能做到一边默读问题一边画图,列出已知条件,合理利用发声思维;被老师建议开展小组合作学习的学困生基本上能做到每周组织一次集体学习物理的活动,能经常自由讨论物理问题,或在老师的指导下开展讨论,甚至还经常将一些物理问题进行改编、拓展;学困生提高了他们科学表征物理情境的能力,基本上掌握了对章节知识网络进行整理和对常见题型进行归纳的能力,等等。这些都应该说明,学困生的学习策略有了不同程度的改善。

### (三)实验班学生成绩有所提高

前测(必修1)实验班的总体平均分比对照班低2.46分,经过了一学期的教

学实验后,发现后测(必修2)实验班的总体平均分与对照班几乎相等。前测(必修1)实验班的15位物理学困生的平均分比对照班的15位物理学困生低了4分,经过教学转化后,后测(必修2)实验班的15位学困生的平均分为36.47,比对照班15位学困生的平均分高了5.4分,经过折算后实验班的学困生的平均分比对照班学困生提高了4.73分,经过折算后实验班学困生比前测提高了10.69分,有显著性差异,这表明经过教学实验,实验班总体平均分有所提高。显然,非学困生的成绩提高并不显著,而学困生物理成绩提高比较显著。

从以上几方面的变化看,针对不同的学困生而设计的转化策略是有效的。研究者认为要转化学困生,既要从教和学的视角入手,寻求突破口,又要从课堂内外入手,寻求有助于改善学困生困难状况的策略,还要取得家长、学校和其他科任教师的支持,协同转化,效果将会更好。

当然,这些结论是以县域内几所高中为个案探究的高中物理学困生的成因分析与转化策略。在大的范围内,这几所中学代表的是非一流生源的一些高中学校,故研究的成果有一定的限制性,但这些结论对物理学困生转化教学还是有一定的借鉴意义。

# 高中物理学业不良的界定、成因及转化研究

在对学困生界定和实验后,我们将实验的结果和体会及时地进行了总结,并撰写成论文发表在权威杂志上,供同行们讨论和交流。

## 一、高中物理学业不良的界定

对学业不良的研究,国外起步比较早,研究的也比较成熟。而受多种因素的影响,我国在这方面的研究起步相对较晚,所以有很多问题值得研究以至需要解决。早期的研究主要是针对小学学科,如皮连生教授主编、金洪源教授编写的《学科学习困难的诊断与辅导》一书,所举实例大都是小学学业不良的成因及转化对策。目前,中学尤其是高中学科学业不良的成因及转化大都还在理论层面上,对具体学科的学业不良的成因及转化研究较少。随着课程的改革,研究中学学业不良的专家、教师多了起来。如:刘咏梅作了中学生数学学业不良问题的分析和对策研究,赵家礼作了初中学业不良问题的成因及转化对策的研究,丁洁茵作了高一物理学习困难学生学习能力发展研究等。有些研究成果可以为我们这次课题研究借用,但刘咏梅所作的课题是关于数学学业不良的理论转化,赵家礼所作的课题中没有关于物理学业不良的转化,丁洁茵所作的课题是关于高一年级的,不带有普遍性,故这三项研究成果我们没有借用。我们所要做的工作是寻找带有显著物理学科特色的实用转化对策,重在操作层面,更是一种基于一定的教育理论指导下的教育改革探索。

如何界定学业不良,目前各国也没有统一的标准,美国认为其学业不良者约占全部学生的10%~20%,日本认为“差生七五三(高中差生占全部学生的七成,初中差生占全部学生的五成,小学差生占全部学生的三成)”。我国的专家、学者认为高中学业不良者约占全部学生的30%,但多数教师认为高中学业不良者占到全部学生的30%~40%。而高中物理学业不良者所占的比例要明

显高于其他学科,故找到物理学业不良形成的原因及转化对策已是刻不容缓的问题。

在华东师大胡炳元、王世涛两位教授的指导下,我们编制了学生问卷、教师问卷,并在全县的五所完全中学进行了调查,目的是找出学生、教师对物理学业不良看法的相同点和不同点,同时我们还请教了物理教育专家汪延茂先生和部分其他教育专家。最后,专家普遍认为物理学业不良者应是物理成绩在班级中位于65%以下者,这些学生多数表现为上课效率低、动手能力不强、作业不能按时上交、作业正确率偏低等现象。

通过调查和借鉴他人的研究成果,此次课题将高中物理学业不良者界定为:以100名学生为例,语文、数学、英语三科总分位于班级的前35名,而物理成绩位于班级的前65名之后者。这种界定是基于学生具备了学习的条件,智力处于正常范围内,学业不良主要是由教与学的不协调造成的,且这类学生占全部学生的15%左右。对于由思维障碍和生理原因造成的物理学业不良,或者是学生根本不想学且各门课程都不良者,不在本课题的研究范围。因为教育不是万能的,任何自然规律都没有例外,教育规律也是一样的,违背规律的事是办不成的。

## 二、高中物理学业不良的成因

学习物理的起始年级,喜欢物理的学生达80%左右。就起始年级的学生喜欢物理的原因我们进行了调查,结果显示:大部分学生都说物理有实用价值,能动手做实验,探究的内容有趣。但随着课程的深入,课业负担的加重,学生学习物理的兴趣迅速下降,其中就包括了本课题界定的物理学业不良的这部分学生。那么是什么原因造成这部分学生物理学业不良的呢? 对此,我们在华东师大胡炳元、王世涛两位教授的指导下,编制了两份调查问卷。教师问卷分两次进行,一次在马鞍山市进行,一次在当涂县进行。学生问卷则是在当涂县的五所完全中学的部分学生中进行。对调查问卷的结果进行统计分析,再经过课题组的反复讨论,我们把物理学业不良形成的原因归纳成以下几个方面:

## （一）校内外的评价

高中物理的概念抽象、思维要求较高、解题方法多样、分析问题要灵活等特征，使不少学生感觉物理变得非常难学。特别是男生和女生的解题心智明显不一样，加之校内外教育观念上的误导：能学好物理的学生一定是聪明的学生，女生一般是学不好高中物理的。所以物理学业不良的这部分学生，尤其是女生，自以为不是学习物理的料子，与别人相比，感觉自己是弱者，因而在学习物理时缩手缩脚，逐渐丧失学好物理的信心，其物理学习的兴趣也日趋下降，从而使物理学习陷入被老师牵着走的被动状态。

## （二）学生的心理和学习行为

### 1. 缺少恒心和毅力

初中物理内容难度小，趣味性浓，物理现象一般都是从实验或生产生活中来，大多是"看得见，摸得着"的，且对于物理规律主要是定性分析，定量计算较少，所以学生易于接受。高中物理内容以叙述为主，兼有议论、实验等，形式相对单调枯燥，每一章节、每一个物理习题大都不是孤立存在的，对物理现象和规律的解读过程是：先做模型抽象问题，再进行定量说明，最后数学化描述结论等。所以，大部分学生觉得高中物理难度大，不易理解和接受，学习时怕麻烦，缺少耐心、恒心和毅力，常常被问题和困难吓倒。

### 2. 思维的认知加工水平低

学生的智力能力由观察能力、记忆能力、思维能力、操作能力、想象能力等组成。思维是智力活动的核心，是一种高级的认知活动，是个体对客观事物本质和规律的认知。根据皮亚杰的认知发展阶段理论知，学生的认识和发展过程都是从具体到抽象，高一学生的思维在很大程度上还属于经验型，主要依靠实物来支持，处于从具体运算阶段向形式运算阶段转化的时期。因此，高中学生的认知加工水平还不够高，认知的监控能力也不够强，这种认知水平的差异使得部分学生对高中物理学习有畏惧心理。

### 3.学习行为不良

学生的学习任务主要是在课堂这个"学习场"中完成的,学习中需要师生和生生配合,而有的学生不注意合作或不愿意合作。这样学习能力强的学生侵占了学习能力相对弱的学生的学习资源,继而出现了越俎代庖的现象。也有的学生由于"活性"过大,能说好动,干扰了学习能力相对弱的学生认识问题的时间和空间,使学习能力相对弱的学生没有来得及想象、体验、分析与思考问题。另外,还有一部分学生仍抱着对初中物理死记硬背的学习"法宝"来学习高中物理,这种学习上的不良行为,使得学习能力相对弱的学生在学习中的收获差强人意,自卑感加重,从而失去学习物理的热情。

### 4.建模能力相对较弱

我国的中学物理教学十分注重系统知识的传授,但对于物理方法的教学不够重视。在新课程理念下,为了提高学生的素质,试题命题已从知识立意向能力立意转变,已向联系实际与现代科技相结合的方向发展,着重考查学生对知识的理解、迁移、应用能力,以及学以致用的能力。这就需要学生面对新的物理情境时,要学会将其转化为物理问题,建立物理模型,并对已知条件进行提取、加工,从而解决问题。建模能力弱的学生,其物理知识结构存在缺陷,所以在遇到建模问题时常觉得无章可循、束手无策。

## (三)教师的教学方法和教学行为

### 1.教学方法不当

在教学中,由于教学经验不足或所用的教学方法不当,教师没有充分发挥其教学机智,没有调动学生积极思维等,从而使得学生学习受挫。

### 2.要求过高

教师没有充分了解学生的实际水平和能力,对学生提出的学习要求过高,所以学生因不能实现预期目标而受挫。

### 3.任务过多

教师为求在单位时间内尽量多地完成教学任务,教学速度一味地求快,学生的学习不够深入、不够全面,以致在质的方面受到影响,出现了"夹生饭",所以学生因没有学习成功感而受挫。

**4.速度过快**

在学习的过程中,教师没有兼顾到个体学习发展的过程,仅以部分"优生"的行为作为学习节奏的标尺而演绎学习进程,导致部分学生因没有收获而沮丧,不再愿意主动地学习物理。

**(四)教材编写的不足**

新教材把科学探究作为学科内容的一个重要方面,淡化了知识体系,有些内容点到为止,导致知识前后不连贯,自学起来比较困难,不利于学生掌握,然而教辅用书、甚至教材中的配套习题仍有不少传统题目,此时学生无法单独面对。再加上初、高中物理教材的知识跨度大,所以学生因学习困难而导致学习受挫。

## 三、高中物理学业不良的转化对策

在调查分析了物理学业不良的主要原因后,课题组就着手制定物理学业不良的转化对策。通过对对比组的教学效果分析,筛选出了对转化物理学业不良的几个有效转化策略。

**(一)培养学习兴趣**

兴趣是最好的老师,有了学习兴趣就会产生强烈的学习动机。由于高一学生的知识水平还不够高,认知监控能力也不够强,再加上刚入高中,都需要一个陌生到熟悉的适应过程,所以入学后有些学生无紧迫感,也有一些学生有畏惧心理。针对以上现象,教学中教师应有意识地使学生对高中物理学习中的困难做好足够的心理准备,通过比较初、高中物理教材的变化、课时的变化、学习方法的变化,让学生对困难有所认识,让其心理上能够承受暂时的失败。同时,教师应鼓励学生大胆提问,积极思考,采用"低陡度,后一竿子到底"的教学原则,提高学生的学习兴趣,提高学生的认知监控能力。

## （二）面向全体学生

教师要重视对学生的分析研究，充分了解个体能力与整体的差距，使之和谐发展。受挫的学生是少数的，但原因是多方面的，教师对这些学生应多给予关注。教师要积极地营造有利于学生好奇、感悟、反思的课堂氛围，让学生感到物理学科是生动有趣的，要想方设法创造民主、自由的学习空间，做到以优带差、以优促差。对学习中思维反应慢的学生，教师可适当降低学习难度和要求；对学习"后悟"的学生，教师可适当放宽时间界限并给予适当的知识铺垫，从而实现师生的共同发展。在教学过程中，教师要防止优生侵占学困生的学习资源，防止优生干扰学困生的学习。

## （三）提高建模能力

部分学生的建模能力差，对后续的物理学习会带来很大的消极影响，这主要是由学生认知结构上的某种缺陷所致。有的是在阅读题目时不能从语言描述中的问题情境中看到解决问题的契机，有的是通过阅读弄懂了题意但不知从何处下手，有的是试图通过阅读去理解时而对问题的意义表征受阻。实际上，物理规律的发现是多角度的，发现的过程极富创造性，有的是实验归纳，有的是数学论证，有的是提出假说，有的是理想实验。在教学过程中，教师对物理规律建立的过程进行分析，可以让学生更深刻地理解规律，了解发现规律过程中所用到的科学方法，从而通过实验教学、习题教学培养学生的建模能力。只有提高陈述性知识、程序性知识、策略性知识及结构的质量，继而提高学生有效建立物理模型的能力，学生才能长久地保持学习物理的兴趣。

## （四）从生活走向物理

日常生活是丰富多彩的，它给人们的学习和研究提供了丰富的素材，所以可以毫不夸大地说，没有生活就不可能产生如此奇妙的物理学科。在教学中，教师应结合学生的经验、背景而选择学生所熟悉的事例，如在讲分子间有空隙时，若将一瓶芝麻和同体积的黄豆倒在一起并摇晃，体积绝不是原来的两倍，这个实例效果是明显的，学生会立刻恍然大悟，由此建立起新旧知识之间的"桥梁"，问题一下子就清楚了。

教师应多联系物理知识在生产和社会中的应用，联系物理学科的新成就，并努力用物理知识和技术说明周围的社会生活问题，以及对今后学习专业知识的重要性，以增强学生学习物理知识的自觉性。

## 四、结束语

尽管课题组在转化高中物理学业不良方面做了大量的工作，在对比班级采用转化对策取得了很好的成效，但个体间的认知水平、认知风格不一样，认知策略也不尽相同。要正确界定"物理学业不良"，应该把握以下几点：

（1）学生的物理学业不良是物理学习过程中某一阶段的不良，不是智力、学习机会等因素造成的。因此，物理学业不良的学生，通过教师的指导和自身的努力，物理学习水平是可以提高的。

（2）学生的物理学业不良具有学科倾向性，也就是说，物理学业不良的学生，数学、化学、英语、语文等其他学科的学习成绩可能都很好。

（3）不同学生的物理学业困难的成因各不相同，遇到的具体困难也不相同，有某个章节、某个概念的学习困难，也有特定时期的学习困难，还有整个物理学科的学习困难。

至于转化策略，没有一种万能的方法能适合解决所有物理学习困难。有的学生是基础知识不牢，没有相应的固定知识点，出在陈述性知识结构不完整上；有的学生是程序性知识结构不合理，面对问题情境不知该怎么做；有的学生是心理结构有缺陷，知识的提取、运行、组合、编码不能有效进行；有的学生贪玩，不能有效地控制自己等。这就需要教材编写专家编出适合学生认知特点的物理教材，教育专家研究出适合我国中学生特点的教育理论，教师要针对不同的学习困难采取不同的转化策略。只有这样，才有利于培养学生学习物理的兴趣，使学生能有效地掌握知识、提高技能、提升素质，从而减缓学习压力，让学生的学习过程成为一个积极、主动求索和建构的过程。

# 注重科学概念的建立,促进科学思维的培养

## 一、引 言

物理前概念对物理教学影响的研究国内外出现的较早也较多,早几年屡见报端,近年来人们谈论较少。似乎它对物理教学影响已经没有再值得研究的东西了,其实这是个很重要的问题,值得我们继续思考和研究。物理前概念影响了学生的解题心智模式,继而影响了学生思维的发展,这是物理教师在教学中不可忽视的。然而,在强力推进素质教育的今天,一旦谈到注重对学生解题的研究,教师们就讳莫如深了,都尽量回避说提高学生解题能力之类的话,总觉得谈到解题能力的培养就会与新课标相违背,或者认为注重解题能力培养的教学就不是素质教育,就不具有新的教学理念。殊不知习题课教学是物理课堂教学的重要部分,提高学生的解题能力是物理课堂教学的一项重要任务。物理学是一门要求定量研究的科学,要想学好物理学,解题能力的培养是必不可少的。而且学生解题心智模式的形成直接影响学生的思维方式和思维习惯,从而影响学生科学素养的提高。研究者从教十五年多,发现物理前概念一直在影响着物理课堂的教学效果,处理得当可以促进学生对物理的学习,处理不当它是一块阻碍学生建立科学概念的顽石,甚至会影响学生的思维方式。

很多物理老师都有这样的经验:许多学生学习物理知识时,上课一听就懂,考试一做就错。研究者经过长期的观察,发现这个问题是由物理前概念或由此形成的解题心智模式造成的。

如:一个玻璃杯中装有水,如图所示,水面上浮一个木块,现在使杯和水一起向上作加速运动,则水面将( )

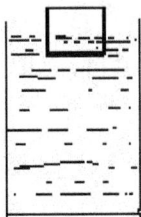

A.上升　　　B.下降　　　C.不变　　　D.不确定

许多学生毫不犹豫地选择了A项。当研究者问他们选择的理由时，他们说开始时杯子是静止的，当杯子和水加速上升时，木块由于惯性要相对于水和杯子向下运动，所以水面会上升。当研究者告诉他们正确答案应该是C选项时，他们都觉得不可思议。为什么会有这样的结果呢？因为这样的生活体验对他们来说太多太深刻了，如平时乘车，车突然启动加速时人就会向后倾倒，车突然减速时人就会向前倾倒。于是，学生在他们的头脑中就产生了这样根深蒂固的认知模式，习惯遇到问题时优先用经验来判断。

## 二、物理前概念对解题心智模式的影响程度的实验研究

本课题组就物理前概念对高中学生解题心智模式的影响各作过一次问卷调查和习题测试，结果表明物理前概念对学生解答物理习题的影响是普遍存在的，而且会影响学生正确的心智模式的形成。

### （一）实验对象

分高二和高三两组进行，选择当涂一中（省示范高中）、当涂二中（市示范高中）及丹阳中学（普通农村高中）共高三289名、高二190名在校理科学生作为测试对象，共发放试卷479份（高三289份、高二190份），收回试卷464份（高三277份、高二187份），其中有效试卷453份（高三266份、高二187份）。

### （二）实验方式

实验分两部分进行，第一部分对于学生的学习态度、兴趣取向、前概念存在及其对解题心智模式的影响程度，从心理学的角度进行了问卷调查；第二部分通过20道具体的习题对学生解题的实际情况进行测试。试卷都是选择题

（这样便于统计），并要求学生在每道题后简单写出自己的解题思路；问卷开头告知了学生测试目的，但要求学生进行无记名答题（这样学生可以把符合自己真实感受的选项选出来）。把问卷和试卷收上来，去除无效答卷后，利用软件Spss11.5进行统计分析。研究者从试题的难度和鉴别度两个方面分析了试题的可信度，利用每个小题中每个选项被选择的频率（人数）和它占有效样本总数的百分比，来分析物理前概念对学生解题心智模式的影响程度。

（三）实验结果

问卷调查的结果表明，物理前概念及其对高中学生解题心智模式的影响是普遍存在的，具体的解题情况进一步证实了前概念对学生的解题心智模式和形成科学的思维方式的影响确实存在。总的来看，两项结果都表明前概念对高二年级学生解题心智模式的影响程度普遍大于对高三年级学生的影响，而且对成绩差的学生的影响比对成绩好的学生的影响大。具体统计结果如表1。

表1　部分试题的难度系数与鉴别度分析结果

| 题号 | 难度系数 | 鉴别度 |
| --- | --- | --- |
| C1 | 0.4905 | 0.245 |
| C2 | 0.6905 | 0.539 |
| C3 | 0.5440 | 0.246 |
| C4 | 0.6495 | 0.447 |
| C5 | 0.6970 | 0.552 |
| C6 | 0.5520 | 0.710 |
| C7 | 0.5890 | 0.342 |
| C8 | 0.1930 | 0.454 |
| C9 | 0.5170 | 0.460 |
| C10 | 0.6640 | 0.486 |
| C11 | 0.2660 | 0.348 |
| C12 | 0.4520 | 0.536 |
| C13 | 0.3590 | 0.376 |
| C14 | 0.5715 | 0.591 |
| C15 | 0.6175 | 0.445 |
| C16 | 0.4120 | 0.456 |
| C17 | 0.4790 | 0.668 |
| C18 | 0.7370 | 0.500 |
| C19 | 0.5390 | 0.762 |
| C20 | 0.5515 | 0.551 |

说明：鉴别度在0.3以上，值越大试题鉴别度越高；难度系数在0.2~0.8范围内，值越大试题越容易。

由表1数据可知：该套试卷从难度上看，第8题和第11题偏难，占总数的10%；难度系数超过0.5以上的有第2，3，4，5，6，7，9，10，14，15，18，19，20题，共13个题，占总数的65%，其他难度系数在0.3以上0.5以下的占总数的25%。从鉴别度上看，除了第1题和第3题鉴别度低于0.3以外，其他各题的鉴别度都比较适中。由此可知，试题总体的难度和鉴别度适中，符合试卷的基本要求。

说明：

（1）每小题设A，B，C，D四个选项，其中只有一个选项是正确的，且有一个错误的选项是根据受物理前概念或解题心智模式的影响而给出的（见表2）；用Spss11.5软件统计出每小题各个选项的选择人数，并计算相应的百分数；

（2）本次统计只分析了有效问卷；

（3）其中前10个小题为涉及明显物理前概念的试题，后10个小题为考查物理前概念对解题心智模式影响程度的试题，并要求学生用简单的语言说出自己的解题思路；

（4）为了减少学生答题时能找出规律猜题的可能性，每道题中受前概念及心智模式影响的选项都是随机的，具体情况如表3。

表2　受前概念及解题心智模式影响的试题选项

| 题号 | 1 | 2 | 3 | 4 | 5 | 6 | 7 | 8 | 9 | 10 |
|------|---|---|---|---|---|---|---|---|---|----|
| 目标选项 | B | B | A | B | C | A | C | A | D | C |
| 题号 | 11 | 12 | 13 | 14 | 15 | 16 | 17 | 18 | 19 | 20 |
| 目标选项 | C | B | A | D | D | C | B | C | C | B |

每个题中的目标选项是指该小题中受前概念或受解题心智模式影响的选项，例如第1题受前概念影响的选项为B，第11题受解题心智模式影响的选项为C。

表3　学生受前概念及解题心智模式影响程度的统计结果

| | 题号 | 1 | 2 | 3 | 4 | 5 | 6 | 7 | 8 | 9 | 10 |
|---|---|---|---|---|---|---|---|---|---|---|---|
| 百分数 | 高二学生 | 53.5% | 23.5% | 38.0% | 14.3% | 50.3% | 57.8% | 18.2% | 52.4% | 24.6% | 25.7% |
| | 高三学生 不含尖子班 | 37.2% | 17.4% | 31.9% | 12.6% | 30.9% | 52.7% | 16.4% | 57.5% | 19.3% | 29.5% |
| | 含尖子班 | 39.8% | 14.7% | 31.6% | 10.9% | 24.8% | 44.0% | 14.7% | 60.2% | 16.2% | 24.1% |

| | 题号 | 11 | 12 | 13 | 14 | 15 | 16 | 17 | 18 | 19 | 20 |
|---|---|---|---|---|---|---|---|---|---|---|---|
| 百分数 | 高二学生 | 80.7% | 25.7% | 44.9% | 36.4% | 45.5% | 39.0% | 53.5% | 12.8% | 56.7% | 26.7% |
| | 高三学生 不含尖子班 | 67.4% | 25.1% | 30.4% | 19.8% | 29.5% | 27.1% | 32.9% | 14.0% | 43.0% | 25.6% |
| | 含尖子班 | 60.5% | 23.3% | 29.7% | 17.3% | 24.1% | 28.2% | 28.6% | 10.9% | 35.3% | 21.8% |

说明:百分数是指在该试卷的测试中对于每个小题选择目标选项的学生数占有效样本数的百分比。

分析表3数据,可知:

(1)前概念对解题心智模式的影响是普遍存在的,在对照每小题各选项的频率后发现,每小题中学生选错的选项中受前概念及解题心智模式影响的选项占绝大多数。对照表1也不难发现这个问题,绝大多数试题的难度都不大,而学生受前概念及解题心智模式影响而选错的百分数都比较高。

(2)除第10题和第18题外,其余各题高三年级组的百分数低于高二年级组。由此可知,前概念对高二学生解题心智模式的影响比对高三学生的影响大。

(3)除第1,8,16题外,其余各题高三年级组中含尖子班百分数低于不含尖子班的百分数。由此可知,前概念对一般学生解题心智模式的影响比对尖子生的影响大。

### 三、转化前概念对解题心智模式影响的策略研究

在物理教学中,教师要转变前概念对学生的干扰作用为促进作用,这对于培养学生的科学思维方式有着非常重要的作用。在讲解物理概念时,教师应采用怎样的教学策略,使学生的前概念经同化和顺应的过程有效地转变为科学概念呢? 研究者经过一年多的研究与探索,发现采取以下的教学策略能帮助学生建立科学的物理概念,形成科学的心智模式。

#### (一)全面搜集学生可能存在的前概念

只有"知己知彼"才能"百战不殆"。教师对学生头脑中存在的前概念要有充分的了解和认识,这是转变学生的前概念的前提。教师可以通过回忆自己以前的学习经验来获得一些常见的前概念,可以利用在教学中积累的经验来获得一些常见的前概念,也可以通过问卷调查、试题测试等方式深入挖掘隐藏于学生大脑深处的前概念,并进一步了解这些前概念建立起来的原因。然后,把这些可能存在的前概念及其形成的原因收集起来,并进行归类整理,在以后的教学过程中,每当涉及相关的概念时,就注意采取相应的策略进行教学转变。

#### (二)让学生明确自己头脑存在的前概念

只有让学生认识到自己头脑中已经形成的"知识经验",哪些是正确的,哪些是片面的,哪些甚至是错误的,才能积极主动地正确利用这些经验为自己的学习服务。教师可以在新课教学时直接告诉他们可能存在的前概念,并告诉他们哪些有利于科学概念的建立,哪些是与科学概念是相悖的;也可以要求学生在教学后自己思考本节课所学知识与哪些经验相符,与哪些经验相悖,并要求他们把相悖的经验记下来进行讨论。

#### (三)利用认知冲突暴露并转变学生错误的前概念

前概念既具有隐蔽性又具有顽固性,教师期望通过讲解的简单方式就可以让学生把前概念转变成科学概念是不现实的,实践证明认知冲突可以充分

暴露并转变学生错误的前概念。认知冲突是指人的原有图式与新感受到的事件或客体之间的对立性矛盾。教师一旦引发这种认知冲突，就会引起学生认知心理的不平衡，就能激起学生的求知欲和好奇心，使学生产生解决这种认知冲突获得心理平衡的动机。所以，教师可以设置问题情境使科学的概念与学生的前概念产生冲突，让学生暴露出错误观念，把对事物表面现象观察和生活体验所得到的经验与科学知识相悖的地方提出来并进行反思，经历思想上的冲突和震撼，促成原有知识结构的顺应，用科学的概念代替原有的错误观念，实现错误前概念向科学概念的转变。设置冲突情境的方法有很多，如提出问题让学生讨论，先让学生说出自己的认识，然后教师再通过简单的实验或逻辑推理暴露学生原有认识的错误。例如，在学习用电器的实际功率和额定功率的关系时，可以提问：40W的和100W的灯泡串联在220伏的照明电路中，哪个更亮？学生最容易根据自己的经验认为100W的比40W的灯泡亮。这时可以把100W的灯泡和40W的灯泡串联后进行实验，让学生通过观察产生认知冲突，然后进行理论分析，才能真正地使学生转变错误的前概念。

### (四)利用适量变式训练帮助学生建立科学概念

很多前概念都是由具体化的感性材料和生活经验形成的，而科学的概念大多是高度抽象和概括的，心理学研究表明具体化的东西学生更容易接受和理解。因此，要帮助学生转变错误的前概念和建立科学概念，必须通过适量的练习来加强学生对错误经验的认识和对科学概念的理解，尤其是前概念已经对心智模式生成影响的同学更要经过反复巩固才行。变式练习与物理概念的本质相同但形式不同，通过对物理概念进行足够数量的不同变式的练习，使学生能形成正确的科学概念、科学的思维方式。教师可以在平时的教学中留意收集与前概念及可能由其影响解题心智模式的习题；也可以根据具体情况自编一些相关习题，然后进行归类汇编；还可以进行即时训练、阶段归类训练，或两者配合，效果更好。

### (五)加强概念之间的联系，培养学生的思维能力

物理概念是反映物理现象和过程本质属性的思维形式。教师要把学生的感性认识与抽象的理性认识联系起来，建立思维桥梁，把握概念的基本属性，

激发学生对物理概念的学习兴趣,发展他们的认知能力。在平时的教学中,学生接受的物理概念多是独立的,没有现成的知识结构和体系,所以教师要及时指导学生整理知识,建立各个概念间的知识结构,使知识系统化、条理化。这不仅有利于学生从整体上理解和掌握科学的物理概念,也有利于提高学生归纳整理的能力和逻辑思维能力。

研究者综合利用上述策略对自己所带的高二一个班进行了长达近一年的实验,结果取得了良好的效果。

实验一年后,研究者对实验班和普通班(本校的两个平行班)单独进行了一次检测,试题的难度和鉴别度与上述试题相近,统计结果如下表。

表4  两班学生受前概念影响统计结果

| | 题号 | 1 | 2 | 3 | 4 | 5 | 6 | 7 | 8 | 9 | 10 |
|---|---|---|---|---|---|---|---|---|---|---|---|
| 百分数 | 普通班 | 42.3% | 38.9% | 48.6% | 52.7% | 26.5% | 55.3% | 48.1% | 46.4% | 32.3% | 27.6% |
| | 试验班 | 21.0% | 12.3% | 18.9% | 34.3% | 23.5% | 31.2% | 27.6% | 19.0% | 17.9% | 14.1% |
| | 题号 | 11 | 12 | 13 | 14 | 15 | 16 | 17 | 18 | 19 | 20 |
| 百分数 | 普通班 | 56.8% | 54.0% | 49.8% | 60.5% | 45.8% | 59.5% | 52.5% | 51.4% | 49.6% | 42.3% |
| | 试验班 | 34.5% | 32.7% | 29.0% | 36.7% | 31.0% | 32.8% | 28.3% | 31.9% | 24.7% | 27.0% |

由表4统计结果可知:

(1)实验学校是农村普通完全中学,学生学习基础普遍较差,前概念对学生解题心智模式的影响比上述三个学校的整体情况严重;

(2)前概念在学生的头脑中往往是根深蒂固的,它们对学生学习的干扰是很难消除的,而且一旦形成思维定势(产生心智模式),影响更难消除(后10个题的百分数普遍提高);

(3)实验班的学生解题心智模式受前概念的影响普遍比普通班小,说明通过一定的策略可以减小前概念对解题心智模式的影响,提高学生的科学思维能力。

## 四、结束语

通过研究发现物理前概念如果处理不当,则会影响学生解题心智模式的正确形成,影响学生科学概念的建立,继而影响学生思维习惯的培养,阻碍学生学习能力的提高。而且前概念往往是隐蔽和顽固的,想经过短时间的纠错就可以消除前概念对解题心智模式的影响是不可能的。所以,实现前概念向科学概念的转变是思维结构的转变,需要改变学生原有的认知结构,建立新的认知结构,需要改变学生已经形成心智模式的惯性。所以,帮助学生建立科学的概念是一个充满艰辛的长期过程。

# 课例:加强变式训练,提高习题教学的有效性

## 一、课堂实录

### (一)问题的提出

一个玻璃杯装满水时,水的质量为200g,装满某种油时,油的质量为160g,求油的密度。

师展示题意:如图所示, $m_水$ =200g, $m_油$ =160g,求油的密度。

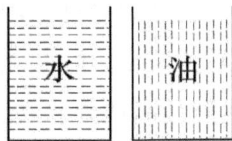

师:请同学们根据题意在草稿纸上求解,我更愿意有同学自愿在黑板上板书。如果没有来的,老师会点名。

有两位学生自愿到黑板上板书。板书的步骤几乎相同,都为:

$$V_水 = \frac{m_水}{\rho_水} = \frac{200g}{1g/cm^3} = 200cm^3,$$

$$\rho_油 = \frac{m_油}{V_油} = \frac{160g}{200cm} = 0.8g/cm^3。$$

答:油的密度为0.8g/cm³。

师:同学们,你和这两位同学的解题步骤相同吗? 如果不同,请上来标出不同的地方,并加以修改。

有一位同学上黑板,在上下式之间加入: $V_油 = V_水 = 200cm^3$ 。

师:这位同学补充的很有必要,使解题过程过渡自然顺畅。

师:还有哪位同学需要补充的?

学生没有响应。

师:你们不说,我来说,我发现这样的解题格式不够规范,应该在前面加上:"解: $m_水$ =200g, $m_油$ =160g, $\rho_水$ =1g/cm³"。

教师结合着讲解,在黑板上规范地写下了完整的解题过程。

解: $m_水$ =200g, $m_油$ =160g, $\rho_水$ =1g/cm³。

$$V_水 = V_油, \quad V_水 = \frac{m_水}{\rho_水}, \quad V_油 = \frac{m_油}{\rho_油},$$

$$\frac{m_水}{\rho_水} = \frac{m_油}{\rho_油},$$

$$\rho_油 = \frac{m_油 \rho_水}{m_水} = \frac{160\text{g} \times 1\text{g/cm}^3}{200\text{g}} = 0.8\text{g/cm}^3。$$

答:油的密度为0.8g/cm³。

## (二)变式训练

师:通过讨论、板演,同学们已经会做这道习题了。这说明我们已经掌握了密度有关的基本计算,也就是说质量、体积、密度三者之间的关系你们搞清了,但这只是基本的,还没有达到最高境界。在这道习题的基础上,若能自编习题,那才是达到了理解的最高程度。同学们,现在你们试试能对这道题加以改编吗?

学生面面相觑,觉得无所适从。

师:不要认为改编习题有多难,你们要大胆地尝试。我先启示一下,比如在题的后面加上一句"这种油是什么油?"

学生似乎有所顿悟,然后有学生开始查找密度表,得出这种油可能是煤油。

教师进一步启发。

师:能不能再进一步改编,比如所求的物理量与一个已知物理量互换,你们看看,行不行?

学生在教师的启发下,跃跃欲试。

时间过了10分钟。

师:下面是同学们改编的一组习题(教师用投影仪将改编的习题投影到屏

幕上)。

改编题一:一个玻璃杯装满水时,水的质量为200g,装满密度为0.8×10³kg/m³的油时,求油的质量。

改编题二:一个玻璃瓶装满密度为0.8×10³kg/m³的油时,油的质量为160g,求这个玻璃瓶能装多少质量的水?

改编题三:一个恰好能装1kg水的瓶子,它一定_____(填"能"或"不能")装下1kg密度比水大的酱油。

改编题四:一个恰好能装1kg水的瓶子,它一定装下1kg的(    )。

A.酒精    B.汽油    C.硫酸    D.煤油

师:刚才同学们对这道习题从不同的角度进行了改编,还有的将这道计算题改为了填空题,真是很有创意。同学们是相当聪明的,只要肯用心学习,什么学习困难也难不倒你们。下面,同学们思考下这四道改编的题目如何求解?

一位同学很快报出改编题一的答案:160g,并口述是他用综合解法求出的;又一位同学报出改编题二的答案:200g,说他也是用综合解法求出的。

师:改编题三的答案呢? 如何解答?

有一位学生举手回答。

教师将这位同学的解答投影到屏幕上,并请这位同学给其他学生作解释。

生:由密度公式可知:体积相同时,密度越大的物体质量越大,所以能装1kg水的瓶子能装下质量大于1kg的酱油,即能装下1kg的酱油。

师:回答得非常好。取体积相同比较质量,解答得有理有据,值得表扬。还有同学有其他解法吗?

又有一位同学站起来。

生:可以取质量相同比较体积,质量相同时,密度越大的物体体积越小,所以1kg水的体积大于1kg酱油的体积,所以能装下。

师:类比解答,学习方法很好,体现了解题方法的变化,值得推广。

师:那改编题四的答案是?

教师发现有一位学生举了三根手指。

师:三根手指是什么意思?

生:表示答案为C。

这时有一位男生激动地递给老师一本资料,指着上面的一个图形题,问道:老师,可以改变成图形题吗?

教师看过后,说"可以",并立即投影到屏幕上。

改编题五:如图,1,2,3是三种物质,由图像可知正确的是(　　　)

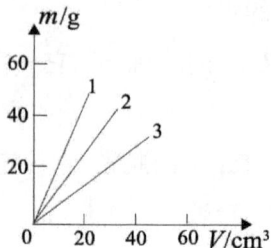

A. $\rho_1 < \rho_2 < \rho_3$ 且 $\rho_1 = \rho_{水}$

B. $\rho_1 > \rho_2 > \rho_3$ 且 $\rho_3 > \rho_{水}$

C. $\rho_1 > \rho_2 > \rho_3$ 且 $\rho_1 = \rho_{水}$

D. $\rho_1 > \rho_2 > \rho_3$ 且 $\rho_1 > \rho_{水}$

师:通过改编习题,同学们的思维确实活跃多了。现在同学们想一想,这道题哪个答案是正确的?"

生:D项。

师:这位同学从题目的表达方式上进行了改编,创意很好! 快要下课了,我们交流一下今天有哪些收获?

师生相互交流。

师:我们今天首先学习了密度题的解题技能、规范的解题格式,然后又学习了从求问的方式、将所求的物理量与一个已知物理量互换、题型(填空题、选择题)、题目呈现方式(图像)等不同角度进行习题改编,这样我们加深了对物理概念和规律的理解,并学会了自主构建知识,这对我们今后的学习有很大的用处。

师:同学们已将它改为了填空题、选择题,但这道题能否再改编了呢? 比如能不能改为实验题呢? 这就是今天的家庭作业,下节课我们看同学们的展示。

这时下课的铃声响了。

（三）拓展延伸

第二天上课,研究者对后续课堂也进行了跟踪实录。

师:我们上节课布置了家庭作业,现在到你们展示的时间了。哪位同学将你的创新之作到黑板上板演一下。

现场有好几位同学举手。老师指定两位同学到黑板上板演,并布置其他同学认真观看,能不能找出两位板演同学的破绽。

一位学生的板演如下。

改编题六:0.5L冰融化成水,水的质量为多少? 水的体积为多少? 体积变化了多少?( $\rho_{冰}$ =0.9×10³kg/m³ )

$$解:\because \rho_{冰} =0.9\text{g/cm}^3, \rho_{水} =1\text{g/cm}^3, V_{冰} =0.5\text{L}=500\text{cm}^3,$$

$$\therefore m_{冰} = \rho_{冰} V_{冰} =0.9\text{g/cm}^3 \times 500\text{cm}^3 =450\text{g},$$

$$又 \because m_{水} = m_{冰} =450\text{g},$$

$$\therefore V_{水} = \frac{m_{水}}{\rho_{水}} = \frac{450\text{g}}{1\text{g/cm}^3} =450\text{cm}^3,$$

$$\therefore V_{冰} - V_{水} =500\text{cm}^3 -450\text{cm}^3 =50\text{cm}^3.$$

答:水的质量为450g,水的体积为450cm³,体积变化了50cm³。

师:这位同学的这道题是从什么角度改编的? 解题步骤是否正确、规范?

学生交流,汇报。

板演本题的学生回答:我是从两种液体之间的体积相等改变为质量相等这个角度进行改编的。

师:改编角度很好,板演步骤也规范,相当聪明,我们用掌声鼓励他。

另一位学生的板演实录如下。

改编题七是从综合解法中擦去代入数字计算的部分,就变成测密度的计算公式了。由于测量液体质量必须借助容器,所以计算公式可以进一步变为:

$$\therefore \rho_{油} = \frac{m_{油}\rho_{水}}{m_{水}} = \frac{m_{油总} - m_{杯}}{m_{水总} - m_{杯}} \rho_{水}.$$

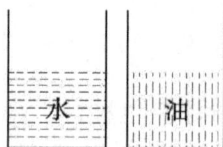

师：这位同学将计算题改编成实验题，而且进一步改变了物理量，将满杯改为不满杯（如上图），使实验具有可行性，非常有创意，我们用掌声鼓励他。我们可称上述表达式为实验原理。若用这个原理测出油的密度，我们需要哪些实验仪器，以及怎样进行实验？

学生回答很积极，气氛空前活跃。有说需要天平的，有说需要有刻度杯子的，有说只要有记号笔的……

师：根据你们的回答，我们总结一下实验所需要的器材和实验步骤。实验器材：天平、杯子、油、水、记号笔。实验步骤（记录略）。

但教师特别强调：先测量水和杯子的总质量，再倒出杯中的水，此时不能立即倒入油，应先将水擦干净后再倒入等体积的油。

师：实验要考虑容器质量，题目难度增加了，但我们还可以继续从实验题改编成计算题，可以吗？

学生集体回答：可以。

师：好，同学们开始改编吧。

教师巡视，发现有改编成求水的质量的，有求液体质量的，有求杯子质量的，还有求水或液体的体积的。

教师选择了一位学生的改编题，并展示在黑板上。

改编题八：一只小瓶装满水时质量为 $m_1=32g$，装满酒精时质量为 $m_2=28g$，求这只小瓶的质量 $m$ 和容积 $V$。（$\rho_{酒精}=0.8\times10^3kg/m^3$）

师：现在我将某某同学的改编题展示在黑板上，请同学们思考此题的解法。稍后，老师请两位同学板演。

教师巡视。

一位同学的板演：

解：$\because m_1=32g$，$m_2=28g$，$\rho_水=1g/cm^3$，

$$V_水=V_{酒精}，V_水=\frac{m_水}{\rho_水}，V_{酒精}=\frac{m_{酒精}}{\rho_{酒精}}，$$

$$\therefore \frac{m_水}{\rho_水}=\frac{m_{酒精}}{\rho_{酒精}},$$

$$即 \frac{m_1-m}{\rho_水}=\frac{m_2-m}{\rho_{酒精}},$$

$$\frac{32g-m}{1g/cm^3}=\frac{28g-m}{0.8g/cm^3},$$

解得$m=12g$。

$$m_水=m_1-m=32g-12g=20g,$$

$$V=V_水=\frac{m_水}{\rho_水}=\frac{20g}{1g/cm^3}=20cm^3。$$

答：这只小瓶的质量为12g、容积为20cm³。

另一位同学的板演：

解：已知$m_1=32g,m_2=28g,\rho_水=1g/cm^3$，

由题意得：$\begin{cases}m+m_水=m_1,\\m+m_{酒精}=m_2,\end{cases}$

则有$\begin{cases}m+\rho_水V=m_1,\\m+\rho_{酒精}V=m_2,\end{cases}$

代入得$\begin{cases}m+1g/cm^3V=32g,\\m+0.8g/cm^3V=28g,\end{cases}$

解得$m=12g,V=20cm^3$。

答：这只小瓶的质量为12g和容积为20cm³。

师：通过这两节课的习题改编，我们加深了对密度有关概念的深刻理解，也学习了一个有效方法。通过改编，我也发现了同学们的聪明才智，希望你们今后更努力，做一个对社会有用的人。

师：同学们这道习题你们从不同的角度进行了改编，现在老师也要改编一下。请看大屏幕。

改编题八：2010年4月，日本广岛大学高分子材料科研小组宣布，已研发出硬度相当于钢铁2～5倍的聚丙烯塑料，某型号汽车使用的是质量高达237kg的钢质外壳，若替换成等体积的聚丙烯塑料材质，除增强车壳强度之外，还可减少多少质量？（$\rho_钢=7.9×10^3kg/m^3$，$\rho_塑=1.1×10^3kg/m^3$）

师：同学们，看看这道题和原来的题有何不同？

学生纷纷议论。

师:我是将"两种液体题"变成"两种固体题",你还会求解吗?

学生纷纷拿出笔和纸进行了计算,老师根据学生的计算进行了总结。

## 二、点 评

在中学物理教学中,习题课的主要功能有三个方面:一是巩固概念、规律,及时了解教学情况,回顾和梳理知识,并将各部分知识进行有机整合,进而构建知识结构,达到对知识的巩固和提高;二是深化知识,培养学生的思维品质,提高解题能力;三是习题教学的育人功能,习题教学要考虑学生的情感因素,使习题教学在学生学习兴趣、学习动机、学习信心、学习意志、创新精神方面发挥独特的育人作用。因为只有教育上升到这个高度,才能减轻学生的学业负担,才能克服高耗低效的现象。因此,习题教学是物理教学的一个重要组成部分,然而目前教师比较注重学生认知领域的研究和实践,忽视了习题教学的育人功能,当然产生这一问题的原因是多方面的。如何由应试教育向素质教学转变,这是摆在我们面前的一个紧迫问题。通过变式训练,可以提高学生自主构建知识的能力,转变学生学习的方式,对学生的终身发展大有好处。

# 课例:认识物质的属性

## 一、课堂实录

### (一)物质的属性

师:我们已经知道物体是由物质组成的,而物质也有很多种,它们的属性是多种多样的。例如:物质的磁性、导电性、导热性、硬度等。今天,我们来认识物质的另一种属性——质量。

出示大铁钉、小铁钉各一枚,让学生观察其形状和体积大小。

师:我手里拿的是什么?

生:一枚大铁钉,一枚小铁钉。

师:它们是什么材料制成的?

生:铁。

师:哪个含的铁较多?

生:大铁钉。

出示小木块和大木块。

师:它们是什么?

生:大木块和小木块。

师:对,它们是从同一树木上截取下来的。因此,组成两木块的材料是相同的,那么它们哪个含的木料多?

生:大木块。

师:好。现在请同学们欣赏课本中的几幅照片(屏幕显示课本 P79 图 4-15),然后可以举手回答问题。

多数学生举手,教师选择了三位同学,并告诉学生应比较图片中物体的什么属性。

生1：一盆水比一碗水多。

生2：自行车轮胎用的橡胶比汽车轮胎用的橡胶少。

生3：篮球中充的空气比乒乓球中充的空气多。

师：刚才三位同学回答得很好，那么，同学们能不能根据上面提供的几种情况给质量下个定义呢？

生：能。

师：那质量的定义是什么？

生（齐答）：物体所含物质的多少。

板书：

质量的定义：物体所含物质的多少。用字母"$m$"表示。

### （二）质量是物体的一种属性

师：这是一张白纸，我现在把它折成纸飞机（边说边折），它的什么改变了。

生：形状改变了。

师：它的质量有没有改变？

生：没有改变。

师：请同学们再次欣赏课本中的几幅照片（屏幕显示课本P80图4-16），并举手回答。

学生都争着举手回答，课堂气氛很是活跃。

师：同学们学习的积极性很高，现在我还是请三位同学来回答（已不是原来三位同学）。

师指着第一幅照片，问学生4：钢锭压成钢板，什么发生了改变？质量有没有改变？

生4：钢锭压成了钢板，形状发生了改变，质量不变。

师指着第二幅照片，问生5。问略。

生5：宇航员飞向太空，他的空间位置变了，质量不变。

师指着第三幅照片，问生6。问略。

生6：冰块融化成水，状态变了，质量不变。

师：根据上述种种情况的分析，我们能不能说一个物体的质量不因为它的形状、位置和状态的变化而变化。

生：能。

板书：质量是物体的一种属性，它不随物体的形状、位置和状态的变化而变化。

### (三)质量的单位

师：要准确知道物质的多少，就必须用工具测量。要进行测量，首先要知道质量的单位。那质量的基本单位是什么？又是如何规定的呢？给同学们3分钟时间，阅读教材P80下部分内容再回答。

学生阅读课本内容，教师巡视。

师：质量的基本单位是什么？符号是什么？是如何规定的？

生：质量的基本单位是千克，符号是"kg"，最初规定1000cm³的纯水，在4℃时的质量为1kg。

师：为了实际需要，人们还规定了一些比千克大和小的单位，分别是什么单位？

生：吨(t)，克(g)，毫克(mg)。

师：质量单位间的换算关系如何？

师生共同活动，边说边板书。

板书：

$$1t=1000kg \qquad 1kg=1000g \qquad 1g=1000mg$$

### (四)记中学，学中记

师：同学们想不想来一次比赛，看看哪一组记得更好一些。下面我说明一下竞赛规则：全班分成四个小组，每个小组选一个形象代言人，第1～4题在黑板上作答，第5～8题在纸条上作答。当场评分，答对1题得10分，答错不得分。

学生的学习热情被鼓动起来了，各小组同学都跃跃欲试。

①30mg=　　　g　　　②500kg=　　　g

③30g=　　　mg　　　④1.5t=　　　kg

⑤5g=　　　kg　　　⑥108kg=　　　t

⑦4.5g=　　mg　　　⑧600mg=　　g

师生共同校正并评分。

师：这次比赛还没有结束，落后的一组同学要想超越他们，还有机会，领先组的同学可不要大意哦。

师：先让我们感知一下，1mg、1g、1kg、1t的大小，请同学们认真阅读P81图4-18。

师：又一次竞赛开始了，请同学们准备好。

师发四张纸条，每组一张，让学生估测自己的质量。

估测的结果是：有的学生将自己的质量估大了，有的将自己的质量估小了。师生共同校正并评分。

师：请同学们阅读课本P81的"信息浏览"，大概了解一下宏观物体和微观物体的质量大小。

大约过了2分钟。

师：我们已知道了质量的定义和单位。在实验室里，常用的测量质量的工具是天平。

出示托盘天平，并在大屏幕上显示。

师：请同学们认真观察托盘天平，了解它的构造，几分钟后，我们来一场速记比赛，评出优胜者。

教师指着屏幕上托盘天平的各个部分，让学生抢答。课堂气氛再一次活跃起来。

师：在日常生活中，同学们还知道哪些测量质量的工具？

学生纷纷回答，教师根据学生作答，边纠正边板书。

板书：

常用的测量质量的工具：杆秤、台秤、磅秤、地磅、超微天平、电子秤等。

（五）小　结

师：这一节课今天就到这里。这节课你学到了什么？哪位同学总结一下。

教师根据学生作答情况，作必要的补充和完善。

师：你们已了解了天平的构造，那想不想知道怎样使用天平呢？

生：想。

师:那请同学们课后认真阅读托盘天平的使用说明书。下节课我们来一个测量比赛。

下课铃响了。

## 二、点　评

传统的教学,以教师讲授为主,学生只是接受知识的容器,很容易造成学生学习物理的积极性不高。在新课程视觉下,物理教学以学生发展为中心,让学生拥有从事物理活动的时间和空间,在自主探索、亲身实践、合作交流的氛围中获取物理知识、掌握技能和方法,也让每一个学生体验到学习物理过程中的无穷乐趣。本节课从学生熟知的生活经验入手,因势利导,层层追问,引发学生带着问题去学、去看。在整个教学过程中,教师充当的是引导者、帮助者,对学生的态度是欣赏和鼓励,这种和谐的师生关系也是新课标所追求的。教学过程中引入小组竞赛形式,既能让学生互相交流合作,又能激发学生的学习热情,使整个课堂充满生命活力。课后作业的布置也为下节课的学习开展打下了较好的基础。

# 课例:磁感应强度

## 一、课堂实录

### (一)引入课题

师:上一节课我们学习了磁现象和磁场,我们知道磁体和通电导线周围存在着磁场,这和带电体周围存在着电场很相似。前一章我们已学习了电场,请问电场有哪些性质?

生1:电场有强弱之分。

生2:电场对物体有力的作用。

生3:电场有方向。

师:电场对放入其中的带电体会产生力的作用,电场有强弱、有方向等。

师:磁场与电场很相似,那么磁场有没有强弱和方向呢?

实验1:用不同的磁体吸引铁钉。

生观察并比较被吸引的铁钉的数目。

结论:吸引多的说明磁场强,吸引少的说明磁场弱。也就是说磁场和电场一样有强弱之分。

实验2:小磁针放在磁场中不同的位置。

生观察小磁针指向的变化。

结论:在磁场中不同的位置,小磁针的指向是不同的。这说明磁场是有方向的。

师:磁场有强弱和方向,那在物理上如何描述磁场的强弱和方向呢?

生回答。

师小结并引出课题。

108

（二）新课讲授

生阅读、思考,讨论以下几个问题。

问题1:用什么物理量来描述磁场的强弱,其符号是什么?

问题2:如何确定磁场中任一点的磁场方向?

问题3:电场强度的定义用的是比值法 $E=\dfrac{F}{q}$ ,我们能否用类似的方法比如用磁极所受的力来表示磁感应强度的大小呢? 如不能,我们该怎么办?

问题4:什么是电流元? 它有什么特点?

问题5:课本P84的实验能得出哪些结论?

问题6:怎样用比值法给磁感应强度下个定义?

生回答问题1。

师:物理学中用磁感应强度来描述磁场的强弱。电场与磁场很相似,为什么不用磁场强度来描述呢? 这样不就一一对应了吗? 以前刚开始研究磁现象的时候,人们不知道磁与电流之间的联系。人们从磁与电"同名相斥、异名相吸"现象中推测:磁性起源于磁铁两极的磁荷。于是,仿照静电场的研究方法,把单位磁荷所产生的磁力定义为磁场强度 $H$ 。

生回答问题2。

师:物理学中把小磁针静止时 $N$ 极所指的方向规定为该点的磁感应强度的方向,简称磁场的方向。

师:确定了磁场的方向,我们能否用 $N$ 极在磁场中所受的力,像电场强度那样用比值法来表示磁感应强度的大小呢?

生回答问题3。

师:不能,因为磁极不能单独存在。不可能测量 $N$ 极在磁场中所受的力,也就不可能确定磁感应强度的大小了。那怎么办呢?

师:磁场除了对磁体产生力的作用,还能对什么产生力的作用呢?

生:通电导体。

师:那我们能否用通电导体在磁场中受到的力来表示磁感应强度呢? 首先我们来定义一个概念——电流元。

生回答问题4。

师:在物理学中,把很短的一段通电导线的电流 $I$ 与导线的长度 $L$ 的乘积 $IL$ 叫做电流元。电流元是个理想化的模型。孤立的电流元是不存在的,因为它必须用导线与电源相连才能有电流。

实验3:保持电流不变,把通电导线放入磁场中(通电导线与磁场方向垂直)。

生观察导线长度增大时,导线受力的大小情况。

结论:通电导线与磁场方向垂直时,电流不变,导线的长度越长,导线受力越大。

实验4:保持通电导线的长度不变,改变电流的大小(通电导线与磁场方向垂直)。

生观察通电导线中电流增大时,导线受力的大小情况。

结论:保持通电导线的长度不变,电流越大,导线受力越大。

师:大量的实验表明,通电导线与磁场方向垂直时,它受到力的大小既与导线的长度 $L$ 成正比,又与导线中的电流 $I$ 成正比,即与 $I$ 和 $L$ 的乘积 $IL$ 成正比,用公式表示就是 $F=BIL$。式中,$B$ 是比例系数,它与导线的长度和电流的大小都没有关系。但是,在不同情况下,$B$ 的值是不同的。

实验5:保持通电导线的长度和电流的大小不变,把通电导线放入磁场中不同的位置。

生观察导线受力的情况。

结论:保持通电导线的长度和电流的大小不变,把通电导线放入磁场中不同的位置,导线受力大小不一样。磁场强的地方导线受力大,磁场弱的地方导线受力小。也就是说,磁场强的地方磁感应强度 $B$ 的值大,磁场弱的地方磁感应强度 $B$ 的值小。

实验6:保持通电导线的长度和电流的大小不变,把通电导线放入不同的磁场中。

生观察导线受力的情况。

结论:保持通电导线的长度和电流的大小不变,把通电导线放入不同的磁场中,导线受力大小不一样,在强的磁场中受力大,在弱的磁场中受力小。即磁场强的地方 $B$ 的值大,磁场弱的地方 $B$ 的值小。

师:以上实验表明,磁感应强度 $B$ 值的大小反映了磁场的强弱,所以 $B$ 正是我们寻找的表征磁场强弱的物理量——磁感应强度。

生回答问题6。

师：磁感应强度定义：在通电导线与磁场垂直的情况下，$B=\dfrac{F}{IL}$，磁感应强度$B$的单位由$F,I,L$的单位决定。在国际单位制中，磁感应强度$B$的单位是特斯拉，简称特，符号是$T$。

## （三）课堂小结

教师带领学生总结本节课的主要内容：
(1)磁感应强度的物理意义；
(2)磁感应强度的方向；
(3)电流元；
(4)磁感应强度的定义、公式、单位。

## （四）巩固练习

(1)试结合下面的表格对电场强度$E$与磁感应强度$B$进行比较（见表1）。

表1　电场强度与磁场强度的区别

| | | 电场强度$E$ | 磁感应强度$B$ |
|---|---|---|---|
| 物理意义 | | 描述电场的强弱 | 描述磁场的强弱 |
| 定义式 | 共同点 | 都是用比值的形式定义 | |
| | 不同点 | $E=\dfrac{F}{q}$ | $B=\dfrac{F}{IL}$ |
| 方向 | 共同点 | 矢量 | |
| | 不同点 | 静电力的方向与电场强度的方向总是相同或相反 | 磁场力的方向与磁感应强度的方向总是垂直 |
| 大小 | 共同点 | $E$与$F,q$无关 | $B$与$F,I,L$无关 |
| | 不同点 | 某试探电荷在电场中某位置受静电力的大小是一定的 | 某电流元在磁场中某位置受的磁场力大小与电流的方向有关，定义式中的$F$是指电流元受力的最大值 |

　　(2)一根长为20cm的通电导线放在磁感应强度为0.4T的匀强磁场中，导线与磁场方向垂直，若它受的磁场力为4N，则导线中的电流是0.05A。若只将导线中的电流减小为0.02A，则该处的磁感应强度变为0.4T。

(3)布置作业:略。

## 二、点 评

无论上何种形式的课,无论上什么内容,无论采用何种教学手段,上好一节课的关键是教师要能提供丰富的问题背景材料,然后提出问题,再对问题进行合理猜想,设计实验进行探究,或是根据背景材料合理推论,从而建构结论。设计课堂提问非常重要,它是一堂课的"灵魂"。因为课堂提问设计决定着教学的方向、顺序,还关系到学生思维活动开展的深度和广度、知识结构的精细与稳固程度以及学习策略的获取。

一节好课不一定要新奇另类,也不一定需要多媒体对每一个细节进行展示。本节课使用的教学器材有磁铁、电源、线圈、导线、铁架台,都是中学实验室里常用的器材,多媒体的使用只是必要时的辅助作用。同时,本节课中教师的语言朴实无华、严谨准确,力求保持更多的原汁原味。

第斯多惠曾经说过:教学的艺术不在于传授的本领,而在于激励、唤醒、鼓舞。这节课知识点不多,也不是很复杂,但对于磁感应强度的定义,学生理解起来确实有点难度。所以本节课教师采用尝试教学法,通过背景材料的介绍,针对教材的内容设置若干个问题,这些问题不是简单地回答"是"或"否",也不能在教材中找到现存的答案,而是学生阅读教材后对内容加以理解并进行概括和总结,然后才能尝试着回答出的问题。最后,教师则根据学生的回答作进一步的补充说明。新课的时间在半个小时左右,然后进行尝试练习。这种亲切和谐的对话课堂,润物无声地增进了学生的应用意识,鼓励学生敢于归纳出自己的结论,敢于发表自己的意见,体现了教学中以学生发展为本和面向全体学生的教学理念,更是为减轻学生的学习负担和提高教学效率创造了很好的教学环境。

# 物理前概念研究对构建科学概念的启示

物理概念是整个物理知识体系的基石和支撑点，是物理思维的基本单位。建构科学的物理概念对物理学习非常重要，只有科学的、精确的、严密的物理概念才能准确地描述自然界的物理现象。对物理概念掌握正确与否直接影响学生对物理理论的掌握和学习。学生在没有学习科学概念之前，根据日常生活、学习、游戏的经验，往往对一些未经专门学习的概念已有一套自己的想法和思维，用以理解日常生活中遇到的各种现象。这种在学生系统地学习科学知识之前所具有的想法，被人们称之为"前概念"或者"相异构想"。这些想法有些是正确的，有些则是与科学的物理概念相违背。错误的物理前概念运用到物理学习中，会导致对物理现象的错误理解，得出错误的结论，影响科学物理概念的建构和学习。

如：同一地点的两个物体从同一高度同时开始作自由落体运动，那么（　　　）

A.质量较大的物体先到达地面　　　B.密度较大的物体先到达地面

C.体积较大的物体先到达地面　　　D.两个物体同时到达地面

调查结果是选 A 项和 B 项的学生较多。研究者问他们为什么这样选呢？他们理直气壮地说："现实中就是这样。"显然，这是生活中的经验认识——物理的前概念在作祟。研究者说："我们做过毛线管的实验，金属片、鹅毛下落同样快，难道这还不能证明吗？"他们回答："那是在真空中才存在的，现实中不会发生。"尽管学生学习了自由落体，但他们仍然不相信重的物体与轻的物体下落同样快。他们的思维没有从自由落体这个物理的原理出发，而是从他们头脑中的前概念出发。研究者询问学生做过实验验证吗？学生说："没有。本来就是这样的，不需要做实验。"研究者用铁块、塑料块做实验让他们观察，他们才将信将疑地承认了这个事实。

物理前概念是学生长期与物理环境作用通过主体的建构而形成的，对物理学习既有积极的作用也有消极的作用。

正确的物理前概念是物理学习的良好基础和铺垫,它的正迁移作用可成为物理概念学习的资源和概念学习的新的增长点,可使学生尽快地掌握新的概念和知识结构。如学生在学习物理知识前已对生活中的一些物理现象和规律有所了解:在热学方面,他们有了冷热的不同感觉;在光学方面,他们对照相机照相、近远视眼、马路上的油膜色彩等充满了好奇……对这些常见的物理现象的了解和好奇是新知识学习的基础,有助于激发他们进一步学习物理的兴趣,促进他们对正确物理概念的建构和意义学习。

一些情况下,对物理现象、过程、材料的片面或错误理解而产生的前概念如果得不到及时纠正,将影响学生对物理新知识的同化和顺应,甚至歪曲新知识的意义,使学生形成错误的思维,从而变成物理学习的障碍,导致学生觉得物理难学。所以,错误的前概念若不能及时地转变为科学的概念,将影响学生认知结构的构建,影响问题解决的方向,也即影响学生的解题心智模式。其中认知结构的好坏决定了一个人解决问题的能力水平。

根据综合开放性的问卷调查以及学生的访谈记录,分析和参照国内外的研究成果,学生在物理学习中的前概念主要表现在知识的理解和应用两个方面。从这两方面的分析来看,学生中的错误前概念对学习有重要影响。

## 一、前概念广泛存在于学生头脑中,错误的前概念会严重影响学生物理概念的学习

Clement 在抛硬币实验的研究中发现,88%的被试认为上抛的硬币受到两个力的作用:一个是硬币的重力,另一个是抛力;硬币上升时,抛力大于重力,下降时,重力大于抛力。Thomtom 和 Sokoloff 也利用抛硬币问题对 240 名俄勒冈州大学物理专业的学生进行了教学前测试,学生的正确率也只有 10%。华盛顿大学教育研究小组在利用"图像和轨迹"软件测试时发现,很多学生认为 $s$-$t$ 图像就是物体运动的实际轨迹。McDermott 和 Shaffer 在研究中发现,学生对于电流概念的理解会受到"流"的影响,学生认为越靠近电源正极的元件其流过的电流越大,位于后方的元件得到的电流是前面元件用完剩下的;学生还认为灯泡和其他的用电器是让电流"流进"并将电流消耗的终端设备,而并不只是让电流"流过"。

通过测试,我们发现很多学生由于直观感觉带来的错误、或知识迁移的负效应、或语言带来的曲解、或不正确的课外渠道,都形成了较为广泛的错误前概念。例如:铁比棉花重;冬天室外的铁块比木块温度低;车不拉就不走等;看到电阻的定义式 $R=\dfrac{U}{I}$ ,理所当然地认为电阻的大小与电压成正比,与电流成反比;匀加速运动就是速度逐渐增加的运动;"裂变"就是把整体分为部分,因此把一些放射性元素的衰变也都归为裂变;重量、重力和质量三者不分;路程和距离互相混淆;电容器概念与描述电容器容纳电荷本领的电容不分;等等。其他的许多研究也证明了物理前概念广泛存在于学生的头脑中。

## 二、前概念顽固地存在于学生头脑中,传统教学很难改变学生的错误前概念

Clement 通过研究发现,在接受了一个学期的基础力学课程学习后,学生的错误率从教学前的75%降到了58%。Thornton 和 Sokoloff 对240名俄勒冈州大学物理专业的学生进行了教学后测试,学生的正确率仍不超过20%。Hestenes,Wells 等对传统讲座式教学方式下的1500多名中学生以及500多名大学生进行了 FCI 测试,发现学生教学前后测试的 FCI 分数提高并不明显,同时还发现物理前概念的转变与学生的数学基础没有明显相关性,所在测试班级教师水平(达到合格以上)与测试的结果也没有必然的联系。

由于前概念是学生长期生活经验对现象的反映并在头脑中积累而形成的,且长期的日常生活经验与观察又反复加强了这些概念,因此前概念在学生头脑中印象深刻,可谓根深蒂固。国内外物理教育界近年来的一些研究表明:一旦学生对某些物理现象形成了前概念,要想加以转变是极其困难的。例如,物理学中的"惯性"概念就是如此。如果让学生叙述惯性的概念时,他们往往能"倒背如流",而让学生运用惯性去解释一些问题时,他们往往又用前概念的经验去解释。因为在有些学生的经验中,早已有了与亚里士多德"力是维持运动的原因"的理论相类似的概念(观念)。在物理教学中,很多教师认为只需要"正面"传授知识学生就能接受,如果他们仍不理解可以多讲几遍,这种观点实践证明是过于简单化、理想化了。

### 三、前概念隐藏于学生头脑中，同一种错误认识反复出现

前概念的反复性表现在：学生经过学习理解了一些物理概念，过了一段时间后，再遇到类似的问题时，受到先前错误的影响又会对该概念产生糊涂的认识。所以，前概念的反复性和其顽固性密切相关。

Goldberg 和 Bendall 认为：传统教学中，学生都把记忆性的和以公式为中心的问题解决方法作为学习物理的正统工具，他们缺少面对陌生环境利用所学的概念和定律进行推理的能力，因为他们的知识只是由零散的、少量的事实和公式组成，当遇到陌生的环境时，学生外显的还是他们的前概念。因此，为了防止学生只是死记硬背公式，最好的预防措施就是教形象的物理知识，至少在教学过程的初期应该这样做。

拥有前概念的学生，尤其是拥有错误前概念的学生，他们看到的只是弹簧、绳子、斜面、滑车等问题中的实物，而不能像物理学家那样看到问题中隐藏的物理概念。错误前概念的存在使得学生听不懂物理课，从而导致他们强行记忆一些没有关联的片段，做着没有意义的作业，所以很多学生对物理有厌学情绪。

我们认为，前概念的形成是无意识的，且在一般的情况下，学生使用前概念可以让他们觉得满意地解决了一些问题，不易引起学生发现它们的不足及不满，这就给前概念的转变带来困难，导致前概念与科学概念并存或者根本没有进行转变。在常规教学中，教师也未能充分认识到学生学习概念的困难。教学时，教师简单地把概念引入，然后就直接讲解例题和练习题，没有考虑学生对这些概念是怎样理解的。有些错误概念，学生在结束课程时和刚刚接触该课程时没有什么区别。他们仍然具有刚开始的那些前概念和错误概念，仍然运用以公式为中心解决问题的策略。通过大量的习题训练方式学习物理，会使相当一部分学生习惯用记忆的办法记住知识而不是理解，习惯是凭经验去解决问题而不是凭思考或概念推理，导致学生应变能力有限，难以面对各种新的复杂问题。为什么有些题目一而再、再而三地反复讲，反复练，学生总是记不住，常常是一讲就会、一考就错？这是许多物理教师为之困惑的原因所在。

### 四、转变错误前概念，构建科学概念的策略

瑞士心理学家皮亚杰的认知发展理论认为：人的心理发展是通过其认知结构的发展而实现的。而图式是指个体对世界的知觉、理解和思考的方式，是认知结构的起点和核心，或者说是人类认识事物的基础。图式的形成和发展是认知发展的实质。当个体面临新的刺激时，总是试图先把它纳入到头脑中原有的图式之中，以引起个体原有认知结构的量的变化，这个过程叫同化。如果个体头脑中已有的图式不能同化新刺激时，他必须修改原有图式或者重建新的图式，以容纳新刺激，这个过程叫顺应。

由皮亚杰的认知发展理论我们不难看出：同化是引起认知结构的量的变化，而顺应是引起认知结构的质的变化，可见顺应的难度远远大于同化。因此，学生面临新知识、新问题时，总是试图采用同化的方式去学习和理解它。当无法同化时，他们才试图采用顺应的方式接受新知识。若学生不理解新知识在头脑中与已有认知结构有着本质的不同，他们很可能采取了与新知识不相符的头脑中已有的认知图式去同化它。这就是我们常说的，前概念影响了学生的解题心智。

上述的前概念的特点和皮亚杰的认知发展理论给物理教学提供了重要启示，也为我们转变学生的错误前概念提供了可操作性的策略依据。

#### (一)进行教学前测，了解学生的错误前概念

对于前概念及其转变的研究来说，诊断学生的错误前概念就显得非常重要。教师在教授新知识之前，应采用诊断性的测试方式，如谈话法、问卷调查法，了解学生的原认知结构。这样，一方面通过教学前测激活学生的经验图式，让它从隐蔽之处呈现出来；另一方面，进行教学前测并及时反馈，能够有效地激发学生的学习动机，这样学生就可以根据自己原有的认知结构进行同化和顺应新概念的学习。如热现象是学生比较常见的物理现象，学生对热现象有很多自己的想法，教师在新授"内能"知识时可采用谈话的方法了解学生头脑中的前概念。教师可以向学生提出这样一个问题："温度高的物体热量就多?"通过学生的回答，教师就能知道学生对于温度、热量以及内能概念的错误

前认知。教师再采用恰当的教学方法,转变学生对热现象认识的错误前概念。

（二）创设教学情境,形成正确的科学概念

让学生在与实际情况相类似的教学情境中修正错误想法,是帮助他们获得科学概念的最佳途径。学生头脑中的前概念大多是在生活的具体情境中建立起来的,用他们获得前概念的真实问题作为实例,会产生真实感和亲切感。通过创设教学情境,让学生根据自己的理解预测实验或问题的结果,让他们用自己的前概念对现象进行解释,为自己的前概念进行辩护,从而引起他们的思维结构发生冲突,并让其强烈意识到前概念的存在。教师可在适当时机进行参与,并步步引导他们用正确的物理概念来解释问题。如学生对压力的理解,有部分学生认为压力是由重力引起的,而且重力越大压力也越大。针对学生的这种错误前概念认知,教师可创设教学情境,使一木块分别静止于水平面上、斜面上和竖直墙壁上,让学生通过比较三种不同情形下压力不同,得出压力与重力并不存在对应关系,只有静止在水平面上的物体,压力的大小才等于重力的大小,从而形成压力的科学概念。

（三）引发认知冲突,转变错误前概念的有效策略

国内外研究表明,对当前概念的不满意是产生概念转变学习的关键因素,一旦引发这种认知冲突,就会引起学生认知心理的不平衡,就能激起学生的求知欲和好奇心,从而使学生产生解决这种认知冲突而获得心理平衡的动机。因此,引发认知冲突是转变学生错误前概念的有效策略。如学生在学习位移概念前,不但已经有了用距离和路程来描述物体位置移动的经验,而且这个经验根深蒂固。所以,在位移概念的教学中,首先提出在研究物体运动的过程中,需要描述物体从位置A到位置B的移动问题,并让学生充分发表各种他们已知熟悉的描述方法——"距离"和"路程",讨论用这些方法正确描述位置移动存在的不足,从而引导学生与用"距离"和"路程"已经无法科学完整表达位置移动这一新问题产生矛盾冲突。再在学生讨论的基础上,总结出描述物体位置移动应该包括"表示末位置相对于初位置的距离和方向"这样两个要素。然后引出用同时可以表示物体从初位置到末位置的移动距离和方向两个要素的"有向线段"——位移概念,实现学生从"路程"概念到科学的位移概念之间

的自然转变。

### (四)开展合作学习,使学生头脑中的错误前概念显露出来

每个人都在以自己的经验为背景建构自己对事物和现象的理解,因此只能理解到事物的某些方面,不存在唯一正确的全面的理解。合作学习可以克服个体知觉系统的局限性,学生之间通过合作、交流与讨论,可以超越自己原来狭隘的认识,了解彼此的见解,了解那些不同观点的基础。而且,在合作学习中,每个学生都是积极的参与者,在自由平等、相互信任的气氛中最适宜表达各种荒诞的观念,这些荒诞的观念有些是自相矛盾的。在激烈的争论和积极的思考中,常常会促使他们认识到自己原有认识的片面性和不合理并萌发一些新的猜想,这些猜想往往已经走到真理的边缘。此时,教师也可以作为合作学习的一分子参与讨论。当积极的学习发生的时候,教师参与讨论的效果远远大于直接提供正确的答案。

我们在教学中尝试了"卡片"教学策略。首先,把与所讲授概念有关的选择题写在黑板上,这些问题的不同选项可以引起学生的讨论;然后,学生参与小组讨论,可让一个小组挑战另一个小组的结论;再次,在思考和讨论之后,学生要高举写上答案的"卡片",答案也可以写"不知道""不确定",从而鼓励所有学生积极参与;最后,教师针对学生"卡片"中所表现出来的前概念进行科学概念的讲解。测试结果表明,这种方案可以解决传统教学中草率对待重要概念的问题,从而让学生可以更好地理解概念,很好地转变他们对知识的错误前概念。

### (五)探究与体验,转变错误前概念的重要途径

概念的形成和发展过程对于每个学生来说都是不一样的,因此在教学过程中要尽可能地让每个学生依据自己独特的发展方式进行科学概念的学习。探究式教学为每个学生提供了通过各种途径形成概念的条件,满足了每一个学生自主学习、探究问题的天性。学生可以从所要探究的概念出发,通过阅读课本或查阅有关资料或与同学老师相互交流,收集有关的材料,并通过自己对材料的分析提出主观的猜想,然后亲自动手设计实验来进行验证。在探究过程中,通过丰富的体验和感悟逐步纠正一些错误的观念和看法,为获得科学概

念提供有力的心理支柱。如物质的密度,学生中有很多隐藏在头脑中的混乱想法:质量大密度大、体积大密度大,硬度大密度大等。只有通过学生的亲身体验和探究,学生才较容易地获得科学概念,从而纠正错误的前概念,且不易反复。

随着电脑的普及和多媒体技术的广泛应用,观察的物理实验通过电脑模拟得以重现。多媒体技术和教育资源的整合作为一种新的教学工具,主要作用是让学生在第一时间得到实验数据并进行处理和分析,建立物理图景,从而促进学生的认知冲突。这在转变学生错误的前概念,构建正确的科学概念方面发挥出越来越重要的作用。

总之,对于物理前概念,我们不能持全盘否定的态度,必须用一分为二的观点来分析对待物理前概念这个问题。若在物理概念教学中,教师对前概念关注不够,则最终必将影响物理教学的有效性。在物理教学中,转变学生的错误前概念,就是要改造和重组学生原有的知识结构,通过教学前测,开展合作学习,挖掘学生头脑中隐藏的错误物理前概念,再运用创设教学情境、引发认知冲突、探究与体验、多媒体技术等多种教学策略和手段,转变学生的错误前概念。因此,在物理教学中,教师要从学生的实际出发,从概念本身的特点出发,注意物理概念间的内在联系,帮助学生形成科学的概念体系。所以,教师只有不断改进教学教法,概念教学才会有所突破。

# 基于新课程改革的几点思考

综观我国十多年的基础教育改革的历程，赞成者有之，这些赞成者认为课程改革提高了学生的整体素质；但反对的或不完全赞成的也大有人在，这些人认为这次的课程改革使得基础教育的质量整体下滑。甚至还有人断言：中国的基础教育已经误入歧途，必须严肃反思检讨。为了促进中国基础教育改革健康有序的发展，本文从国情分析、教学方法、教育科研、绩效模式、教育现代化几个方面谈谈个人的见解，以期引出课程改革过程中人们对一些深层次问题的分析和探讨。

## 一、基础教育改革要符合国情，尊重传统

经过三十年的改革开放，我国的政治、经济、文化发生了巨大的变化，全民教育取得了巨大的成就。新中国成立以来，课程改革已进行过八次，从教育思想和课程范式较大范围的转变角度来说，其中有两次较大的改革：一是新中国成立之初，我们大张旗鼓地学习苏联的教育学运动，主要是凯洛夫的教育思想；二是这次的"新课程理念"运动。从1980年《中华人民共和国义务教育法》颁布实施，我国教育经历了普及义务教育、大规模扫盲运动、实施全民教育的国家课程改革历程，后来中小学义务教育免费，基础教育的办学条件也有了较大的改善。全民教育实现了新的突破，大力推进义务教育均衡发展，追求教育公平，已成为共识。国家为此又制定了《国家中长期教育改革和发展纲要》。全民教育取得如此重大成就，实现了新突破，创造了人类教育发展史上的奇迹。

不可否认的是，中国仍是个发展中国家，却承载着世界上规模最大的教育。人口多，底子薄，经济相对落后，特别是贫困地区多，人口居住分散，义务教育规模庞大，教育经费短缺，办学条件差，各地的经济和文化、教育发展很不平衡，这就是中国的国情。因此，教育改革不可能一蹴而就，应是稳妥地经过

自上而下和由下而上的改革,经充分实践了成熟的教育成果才能分步推广。那种借助于行政力量,不经过多次教育实验的教育理念强行推广,都是一种短视的行为,必然要付出代价。

这次的"新课程理念"运动,虽然理念较新,但也较为混乱。其主要精神是杜威的实用主义教育思想,有的专家把它形容为"引进西方的理论碎片进行拼装与重构"。改革的初期,采用"大破大立""重起炉灶"的急进方式。新课程理念专家发出这样一番言论,"课程改革需要良好的社会舆论环境的准备和配套资金的支撑……倘若没有相应的舆论准备,没有新一轮强有力的概念重建运动,没有必要的配套经费的支撑,那是不可想象的"。在这强大的舆论攻势下,积极谈论、赞美、支持成为一种时尚,成为一种先进的教育思想与改革创新者的标志,否则就有落后于时代潮流的嫌疑,就有"自我边缘化"的危险。

但经过几年的探索,人们冷静地思考着新课程改革:教育关注的是鲜活的生命,不能用"拍脑袋"的方式简单处理。要采用渐进式的变革,在尊重教育规律的基础上,采用修正、调整、充实和提高的途径;要考虑中国千差万别的国情,不能简单地一刀切,也不能全国一个标准。在课标专家和课程专家的指导下,开发出适合地方和学校的地方教材和校本教材,开发出与之相对应的评价标准,真正使基础教育出现百花齐放、名家辈出的局面。基础教育不喜欢"教育政策"研究的专家,这样的专家只能是吹鼓手。要创造条件使教师乐于教学,学生乐于学习,为国家社会培养出更多的合格人才。

## 二、讲授课仍是当前中小学教学的主要方式

学校教育的主要任务是把人类几千年来创造的文化、知识、精神财富传递给下一代。在较短的时间内要教那么多东西,很多学校教育曾经以为教学只能以课堂教学为主,教学过程中只能以讲授为主。

但这次的新课改是以学生自主探究作为课堂教学的主要方式,摒弃以教师讲授为主的教学方式。讲授法在今天的中国,似乎越来越受到各方面的责难,它成了传统教育的代名词。有人对1997—2006年的十年期间,以"讲授法"和"讲授教学"、"探究法"和"探究教学"分别为关键词搜索,前者得到的文章数目为84篇,后者得到的文章数目为649篇,数量的差别可谓悬殊。讲授法

不仅仅是受到冷落，而是上述两类文章都表现出相似的价值取向，即对于讲授法的讨伐和对于探究法的颂扬。

如果说，今天的教学有了比讲授法更为理想而且可以广泛运用的方法，那么鉴于讲授法显而易见的缺点，上述结果自然无关紧要，甚至可喜。然而基础教育的基本事实是：直到今天，从教师个人而言，教学能力的高下之分在很大程度上仍取决于对讲授法的驾驭；从基础教育整体而言，教育教学水平的质量仍然与这一方法的实际运用水平密切相关。

所谓讲授法，就是教师通过口头语言向学生描绘情境、叙述事实、解释概念、论证原理和阐明规律的教学方法。它是教师使用最早的、应用最广的教学方法，可用于传授新知识，也可用于巩固旧知识，其他教学方法的运用几乎都需要同讲授法相结合进行。

人们对讲授法最普遍的印象是"教师讲，学生听"，而且往往在课堂上持续几十分钟，这也是讲授法最经常引起质疑，且在国内外历次教育改革中招致批评的特征所在。可是，每一次改革尘埃落定，人们总是会发现，虽然改革可能在某个方面成就斐然，但讲授法涛声依旧。即使在轰轰烈烈的改革时期，教师运用最多的仍是讲授法。他们只是为了应付上级主管部门的检查时，才会勉为其难地使用一下改革倡导的教学方法。可见，讲授法比那些人们试图用来取而代之的方法更有生命力，因为教育的实践者们更有资格知道什么教学方法对教学、对学生有利。那么讲授法为什么具有超越时空的生命力呢？

学校教育的主要任务就是传授给学生系统的科学知识。奥苏伯尔指出：虽然学校也要发展学生在各种领域内应用所获知识去系统地、独立地和批判地解决特殊问题的能力，尽管学校的这种功能可以构成教育的合法目标，但同它的传授知识的功能相比，远不能处于中心地位。就个人的正式教育来说，教育机构主要是传授现成的概念、分类和命题。而我们发现教学法几乎不能成为一种高效的传授学科内容的基本方法。因为在学校学习的是大量的前人总结出来的知识，不是学生独立地做的东西。尽管发现教学法有利于学生的问题意识、信息意识、研究意识、合作意识的培养，但这种教学方法不可能完成学校教育功能。奥苏伯尔通过透彻的研究得出：讲授法从来就是任何教学法体系的核心，看来以后也有可能是这样，因为它是传授大量知识惟一可行和有效的方法。讲授法今天在学校中的主要地位，并不是某个人、某些人的意愿或偏好，而是社会和教育进程的历史选择。

我国的基础教育质量一直是很高的，这点连发达国家都是相当认可的。西方国家在基础教育方面搞了很多改革，都没有取得很好的效果。而我国的高等教育中可能存在着一些问题，因为很少培养出优秀乃至世界级影响的学术精英。同时，高等教育还曾出现了分类不清、定位不明、发展方向趋同的现象，导致大多数高校还是一个模式、一种发展路径，造成了"千校一面""千军万马争过独木桥"的局面，也造成高等教育对人才的培养单一化，甚至是盲目无序的。曾有些人将高等学校分为三六九等，而没有将学校教育办成具有鲜明特色、质量较高、受学生欢迎、为社会称贺的教育。

当然，讲授法并不是万能的，它也有着显而易见的缺点。如果运用时不能唤起学生的注意和兴趣，极易形成注入式教学。教学必须根据教学目标、教学内容和学生的认知特点与其他教学方式配合使用，特别是与启发式教学配合使用。对于某些特定的教学内容，也可采用探究式教学法或其他的教学方法，培养学生发现问题的初步能力也未尝不可，但这不可能是主要的教学方法。迄今为止，若动摇甚至取消讲授法的主要地位，是必会造成基础教育质量和水平的下降，学校将难以完成社会赋予它的使命。

## 三、教育科研是教师成长的必然选择

从我国近十年的教育科学研究向教师普及的情况看，未来教师成长的道路应当是向着成为研究教育、创造教育科学的主体发展的道路。我国许多领域都是二元结构，在教育领域也是如此。以往在高等教育中，教师承担教学和科研的双重任务，而在中小学教育中，教师无须承担教研任务。这就派生出两个问题：教授教育科学的高校教师及其培养的高层次学生（教育学专业的硕士、博士等）研究教育学却没有研究教育，中小学教师研究并实践着教育却没有研究教育学。有些教育理论工作者，经常进行的只是猜想式的教育科学，而其作为研究成果，常常以文化霸权的权威迫使活生生的教育削足适履，而那些听不懂、看不懂教育学的教育实践家们，则常常被贬为"低层次"。比较突出的问题是"研究者们写报告、出书时没有考虑公众的差异"，至于有些理论成果根本不顾及读者,乃至出现更令人头疼的事实,就是有研究者使用精心考虑过的词汇只是为了掩饰作品的空洞或论证薄弱的情况,这种做法实际上就是把教师拒之于教育科学研究之外。因此,中小学教师要勇敢地站起来,不再仅仅做一个教书匠,要越来越多地参与课程设计与建设,在教育教学方面争得话语权。

为了提高教育质量的需要,教师要积极地参加教育科研。目前,教育中依然普遍存在着以"加大劳动强度延长劳动时间"来提高所谓的教育质量。若采用治标不治本的"减负"策略,只通过劳动强度和劳动时间的限制、禁止、惩罚来治理,导致要么以牺牲教育质量为代价的"减负",要么以传统的教师伦理为支持、以另类办法为策略抵制"减负"的结果,那岂不正是教育科学落后的佐证。毋庸置疑,中小学教师研究教育科学是个复杂的课题,既有创造物质文明科学和创造精神文明科学的层级问题,也有社会和教育政策的导向问题。教师不研究教育科学,不研究教学方法的最优化,要提高教育质量,只能是增加劳动强度和延长劳动时间。

教育科研是成为优秀教师的需要。随着商业化、市场化与竞争的飞速发展,学校与国家、家长与教师以及教育系统内部之间的关系都随之发生了变化,教师的传统行为、职业定位与自身效能都受到了挑战。目前,教师的教育价值与社会地位是通过学生考试所反映出的成绩来体现的。

从实际上看,价值、素质、知识与技能、教育科学研究这几个要素对于所有优秀教师都是必要的。对于大多数教师来说,教育成就并不总是随着教学经验的增加而提高,而是随着教学经验的积累,在职业生涯中或长或短总有那么一段时期,出于学校等外部环境的影响,或是出于自身情感与智力乃至年龄的增长,或是受经济因素的影响,最初的教育热情会逐渐消退或是发生变化。只有教育科学研究,才能使优秀教师的才干进一步增长,才能保持这种激情,保持这种敬业精神。这正是富有激情并且高效的优秀教师所需要具有的品质特征。

当然,目前的中小学教师的科研还存在这样那样的问题,如走过场的研究、装门面的研究、为了评职称的研究等,教师还没有充分认识到教育科研的重要性,还不是一种自觉的行动。有的研究成果并没有推广应用,束之高阁,有的是重复研究等,这都需要教育行政部分加以重视、引导,以期使中小学的教育科学研究走上正确的轨道。

### 四、教育管理不能用经济领域的绩效管理模式

多年来,经济领域的管理理念和价值取向对教育产生了广泛而深刻的影响,不能否认这种影响有积极有益的一面,但也要看到其消极有害的一面。这就是把经济领域的绩效管理模式片面地应用到教育管理之中,一定程度上加剧了教育领域的以升学为第一要务的功利主义教育倾向。

泰勒是美国古典管理学家、科学管理的主要倡导者。泰勒认为管理的中心问题是提高劳动生产率。为了改善工作表现,他提出了"工作定额原理":(1)企业要设立一个专门制定定额的部门或机构,这样的机构不但在管理上是必要的,而且在经济上也是合算的;(2)要制定出有科学依据的工人的"合理日工作量",即劳动定额;(3)根据定额完成情况,实行差别计件工资制,使工人的贡献大小与工资高低紧密挂钩。这一理论正越来越多地被运用到教育管理中,具体就是:一是对学校、对老师运用升学指标管理;二是按照升学成绩高低对学校和老师进行奖惩;三是按照升学绩效对局长、校长、老师工作岗位进行调整。在这种绩效管理模式驱动下,学校的管理行为与教师的教学行为都发生了异化——育人已不是学校的根本价值的追求。具体表现为:行政权力在教育管理中一支独大,由于急功近利的教育政绩观驱使一些地方领导把教育的健康发展当成"软任务",而把升学率当成"硬任务",习惯像抓GDP一样抓升学率,并以此作为考核教育部门和学校的主要指标,给教育局长和校长们施加了巨大的压力。

国家的教育方针和教育法规得不到很好的执行,功利主义使学校和教师无奈地选择了"升学为要",学校的一切教育教学活动都围绕着升学考试来组织实施。一是考什么就教什么,有些课程的开设不再依据国家的教育方针和课程方案。二是怎么考就怎么教,不再遵循国家的课程方案和教育教学规律。三是怎么有利于升学就怎么管理,学校从教学到师资分配,都围绕着升学有望的学生转。四是为了升学牺牲了学生的健康发展,他们的早操、体育课早已可有可无,学业负担加重,扼杀了学生的学习兴趣,剥夺了学生独立发展的空间,造成责任感生成环境缺失。

教师的形象严重受到损害。一位教师晚上加班加点地备课,本来是一种非常值得肯定的高尚的勤奋敬业行为,应受到学生以至社会的敬重,现在却尴尬地与绩效工资多少的世俗目的紧紧地挂在一起,以至于在学生的心目中,教师的辛苦不是为了他们的成长,而是为了获得更高的绩效工资。所以,教师的形象在这种管理模式下严重受到损害。

教育的本质是育人,必须回归教育传统,坚持"育人第一,升学第二",必须重视教育的人文性。若仍以这种经济领域的绩效管理模式管理教育,学校教育就离育人越来越远了,学校就成为制造大学生的工厂。所以,这种不科学的管理教育模式需要切实改变,应回归教育科学的本质。

### 五、课堂教学的方式发生了深刻的变化

20世纪90年代,我国教育界第一次提出信息技术与课程整合。我国《基础教育课程改革纲要(试行)》中明确指出:"大力推进信息技术在教学中的普遍应用,促进信息技术与学科课程的整合。"从此,信息技术在教育中的应用受到行政部门和教师的普遍重视。

于是,多媒体辅助教学在教育中的应用受到人们普遍的重视。尤其在中小学教学中,从上到下,人们对此推爱有加。教学比赛、公开课,几乎是多媒体辅助教学的天下,很难想象一节课没有使用多媒体辅助教学能够在比赛中获得好评。因为信息技术尤其是多媒体辅助教学,以其独特的功能即动态的视听效果、直观的形象和大的容量为人们所青睐。

教育行政部门先是为学校配备电脑室、多媒体教室,后为学校配备班班通,再就是电子白板和录课间。为此,教育行政部门还对教师进行了大量的培训。

学校的硬件发生了深刻的变化,教师在课堂教学中的方式也发生了深刻的变化。那种一支粉笔、一本教科书就能进行教学的时代已经一去不复返了,以至于一些老教师甚至一些特级教师都发出了这样的感慨:"我经常感慨,对我们教育而言,好像一个时代结束了。早先教育上许多可行的做法,现在听起来就像奇闻逸事一般……"各种新课型、新名词不断涌现,如说课、无声上课、微课、幕课、翻转课等,这些都表明课堂教学的方式发生了深刻的变化。

课型的不断翻新以及教育装备的不断更新,要求教师要花更多的精力学

习新课型的制作方法和新设备的操作技能,以至于一线教师有点疲于奔命。

然而,随着多媒体辅助教学在教学中不断应用,人们越来越意识到它的教学效果似乎没有人们想象的那么神奇了。人们开始冷静地去思考,发现信息技术与课程整合的过程中,多媒体辅助教学在教学的应用还存在着诸多的问题。因为多媒体辅助教学如果在教学中不被恰当地使用,教学不仅没有好的效果,反而会产生较多的负面影响。如教学容量过大、多媒体充当了幻灯片、忽视了教学过程、淡化了板书、学生不易记笔记等,更严重的是学生在课堂上新鲜过后,除了声响刺激外,什么感觉都没有。

一些年长的教师对使用多媒体进行辅助教学有畏难情绪,已没有了使用多媒体进行辅助教学的意愿,他们仍坚守一支粉笔、一张嘴的传统教学方式。年青的教师大都会使用多媒体进行辅助教学,也只是在教学比赛或公开课中使用,即便是如此,多媒体的使用大多限于代替板书、动画显示,或者增大课堂教学的容量,而实际课堂教学中教师使用多媒体进行辅助教学的很少。这是由于制作课件相当耗时,若从网络中下载,课件的质量大都不高,且还不一定适用于学校的教学实际。大多数教师对多媒体的使用技术,都是通过自学摸索得来的,没有经过正规的培训,所以使用中遇到不能解决的技术困难时往往绕过去或放弃,这可能是多媒体辅助教学频度不高的主要原因。

一方面,教育技术不断更新,影响着课堂教学的方式;另一方面,由于各种原因,教师又努力往传统课堂方式退缩。这就要求教育行政部门在当前教师相对过剩的情况下,实实在在地加强脱岗培训,加强在信息技术下如何提高课堂教学的有效性研究,开发出高质量的课件,让教师借鉴,减轻其备课负担。

当然,当前的教育也存在很多问题,譬如说布局调整问题、教育均衡问题、教师待遇问题、教师敬业问题、社会对教育期望过高问题等,这些都需要在教育改革和发展中加以解决。那种"大破大立""重起炉灶"激进式的教育改革是不可取的,那种墨守成规、一成不变的教育方式也是不可用的。教育有自身的规律性,只有继承中发展,不断创新,才符合教育改革之路。教育、课程、教学等在其改革的道路上充满了变数和偶然性,反复无定,很难把握,任何简单的决定论观点都是错误的,轻易地谈论教育规律并对规律作机械的理解也是肤浅的。

# 附录:各种统计分析表

## 1.问卷a的项目分析统计表

**Group Statistics**

| | GROUP | N | Mean | Std. Deviation | Std. Error Mean |
|---|---|---|---|---|---|
| A1 | 1.00 | 143 | 4.01 | .692 | .058 |
| | 2.00 | 150 | 2.80 | .851 | .070 |
| A2 | 1.00 | 143 | 3.52 | .711 | .059 |
| | 2.00 | 150 | 2.39 | .741 | .060 |
| A3 | 1.00 | 143 | 3.62 | .690 | .058 |
| | 2.00 | 150 | 2.55 | .924 | .075 |
| A4 | 1.00 | 143 | 3.15 | .805 | .067 |
| | 2.00 | 150 | 1.80 | .655 | .054 |
| A5 | 1.00 | 143 | 3.69 | .843 | .070 |
| | 2.00 | 150 | 2.65 | .991 | .081 |
| A6 | 1.00 | 143 | 3.27 | .951 | .080 |
| | 2.00 | 150 | 2.01 | .760 | .062 |
| A7 | 1.00 | 143 | 3.87 | .789 | .066 |
| | 2.00 | 150 | 2.25 | .874 | .071 |
| A8 | 1.00 | 143 | 3.75 | .835 | .070 |
| | 2.00 | 150 | 2.31 | .935 | .076 |
| A9 | 1.00 | 143 | 4.19 | .702 | .059 |
| | 2.00 | 150 | 2.87 | .964 | .079 |
| A10 | 1.00 | 143 | 2.23 | .962 | .080 |
| | 2.00 | 150 | 2.42 | 1.119 | .091 |
| A11 | 1.00 | 143 | 3.76 | .771 | .064 |
| | 2.00 | 150 | 2.53 | .816 | .067 |
| A12 | 1.00 | 143 | 3.48 | .948 | .079 |
| | 2.00 | 150 | 2.12 | .741 | .061 |

**Independent Samples Test**

| | | Levene's Test for Equality of Variances | | t-test for Equality of Means | | | | | | |
|---|---|---|---|---|---|---|---|---|---|---|
| | | F | Sig. | t | df | Sig. (2-tailed) | Mean Difference | Std. Error Difference | 95% Confidence Interval of the Difference Lower | Upper |
| A1 | Equal variances assumed | 19.056 | .000 | 13.357 | 291 | .000 | 1.21 | .091 | 1.035 | 1.393 |
| | Equal variances not assumed | | | 13.423 | 283.954 | .000 | 1.21 | .090 | 1.036 | 1.392 |
| A2 | Equal variances assumed | .380 | .538 | 13.243 | 291 | .000 | 1.12 | .085 | .957 | 1.291 |
| | Equal variances not assumed | | | 13.257 | 290.989 | .000 | 1.12 | .085 | .957 | 1.291 |
| A3 | Equal variances assumed | 15.598 | .000 | 11.250 | 291 | .000 | 1.08 | .096 | .888 | 1.264 |
| | Equal variances not assumed | | | 11.327 | 275.433 | .000 | 1.08 | .095 | .889 | 1.263 |
| A4 | Equal variances assumed | 1.044 | .308 | 15.743 | 291 | .000 | 1.35 | .086 | 1.178 | 1.515 |
| | Equal variances not assumed | | | 15.667 | 273.990 | .000 | 1.35 | .086 | 1.178 | 1.516 |
| A5 | Equal variances assumed | 5.184 | .024 | 9.644 | 291 | .000 | 1.04 | .108 | .827 | 1.251 |
| | Equal variances not assumed | | | 9.681 | 287.323 | .000 | 1.04 | .107 | .827 | 1.250 |
| A6 | Equal variances assumed | 14.293 | .000 | 12.556 | 291 | .000 | 1.26 | .100 | 1.062 | 1.457 |
| | Equal variances not assumed | | | 12.489 | 271.565 | .000 | 1.26 | .101 | 1.061 | 1.458 |
| A7 | Equal variances assumed | 3.482 | .063 | 16.627 | 291 | .000 | 1.62 | .097 | 1.429 | 1.812 |
| | Equal variances not assumed | | | 16.668 | 290.153 | .000 | 1.62 | .097 | 1.429 | 1.812 |
| A8 | Equal variances assumed | 1.449 | .230 | 13.834 | 291 | .000 | 1.43 | .104 | 1.231 | 1.639 |
| | Equal variances not assumed | | | 13.871 | 289.763 | .000 | 1.43 | .103 | 1.231 | 1.639 |
| A9 | Equal variances assumed | 5.761 | .017 | 13.297 | 291 | .000 | 1.32 | .099 | 1.121 | 1.510 |
| | Equal variances not assumed | | | 13.396 | 272.297 | .000 | 1.32 | .098 | 1.122 | 1.509 |
| A10 | Equal variances assumed | 7.313 | .007 | -1.549 | 291 | .122 | -.19 | .122 | -.430 | .051 |
| | Equal variances not assumed | | | -1.555 | 287.969 | .121 | -.19 | .122 | -.429 | .050 |
| A11 | Equal variances assumed | .904 | .343 | 13.156 | 291 | .000 | 1.22 | .093 | 1.039 | 1.405 |
| | Equal variances not assumed | | | 13.174 | 290.975 | .000 | 1.22 | .093 | 1.039 | 1.404 |
| A12 | Equal variances assumed | 17.253 | .000 | 13.669 | 291 | .000 | 1.36 | .099 | 1.160 | 1.551 |
| | Equal variances not assumed | | | 13.590 | 268.709 | .000 | 1.36 | .100 | 1.159 | 1.552 |

## 2.问卷b的项目分析统计表

**Group Statistics**

| | GROUPB | N | Mean | Std. Deviation | Std. Error Mean |
|---|---|---|---|---|---|
| B1 | 1.00 | 146 | 3.95 | .881 | .073 |
| | 2.00 | 130 | 3.06 | .842 | .074 |
| B2 | 1.00 | 146 | 3.81 | .920 | .076 |
| | 2.00 | 130 | 3.00 | .948 | .083 |
| B3 | 1.00 | 146 | 3.74 | .863 | .071 |
| | 2.00 | 130 | 3.00 | .737 | .065 |
| B4 | 1.00 | 146 | 3.58 | .846 | .070 |
| | 2.00 | 130 | 2.49 | .696 | .061 |
| B5 | 1.00 | 146 | 4.18 | .814 | .067 |
| | 2.00 | 130 | 3.15 | .864 | .076 |
| B6 | 1.00 | 146 | 3.29 | .917 | .076 |
| | 2.00 | 130 | 2.28 | .768 | .067 |
| B7 | 1.00 | 146 | 4.00 | .968 | .080 |
| | 2.00 | 130 | 3.16 | .922 | .081 |
| B8 | 1.00 | 146 | 3.49 | .832 | .069 |
| | 2.00 | 130 | 2.35 | .766 | .067 |
| B9 | 1.00 | 146 | 4.01 | .792 | .066 |
| | 2.00 | 130 | 2.56 | .973 | .085 |
| B10 | 1.00 | 146 | 3.55 | .762 | .063 |
| | 2.00 | 130 | 2.46 | .818 | .072 |
| B12 | 1.00 | 146 | 3.99 | .830 | .069 |
| | 2.00 | 130 | 3.09 | .893 | .078 |
| B14 | 1.00 | 146 | 3.88 | .804 | .067 |
| | 2.00 | 130 | 2.82 | .879 | .077 |
| B15 | 1.00 | 146 | 3.92 | .851 | .070 |
| | 2.00 | 130 | 2.80 | .935 | .082 |
| B16 | 1.00 | 146 | 4.23 | .812 | .067 |
| | 2.00 | 130 | 3.17 | .855 | .075 |

**Independent Samples Test**

| | | Levene's Test for Equality of Variances | | t-test for Equality of Means | | | | | 95% Confidence Interval of the Difference | |
|---|---|---|---|---|---|---|---|---|---|---|
| | | F | Sig. | t | df | Sig. (2-tailed) | Mean Difference | Std. Error Difference | Lower | Upper |
| B1 | Equal variances assumed | .757 | .385 | 8.555 | 274 | .000 | .89 | .104 | .686 | 1.095 |
| | Equal variances not assumed | | | 8.578 | 272.625 | .000 | .89 | .104 | .686 | 1.095 |
| B2 | Equal variances assumed | 2.290 | .131 | 7.182 | 274 | .000 | .81 | .113 | .587 | 1.030 |
| | Equal variances not assumed | | | 7.169 | 268.195 | .000 | .81 | .113 | .586 | 1.030 |
| B3 | Equal variances assumed | 12.319 | .001 | 7.608 | 274 | .000 | .74 | .097 | .548 | .931 |
| | Equal variances not assumed | | | 7.679 | 273.514 | .000 | .74 | .096 | .550 | .929 |
| B4 | Equal variances assumed | 7.197 | .008 | 11.533 | 274 | .000 | 1.08 | .094 | .898 | 1.268 |
| | Equal variances not assumed | | | 11.663 | 272.365 | .000 | 1.08 | .093 | .900 | 1.266 |
| B5 | Equal variances assumed | .131 | .718 | 10.284 | 274 | .000 | 1.04 | .101 | .840 | 1.238 |
| | Equal variances not assumed | | | 10.249 | 265.788 | .000 | 1.04 | .101 | .839 | 1.238 |
| B6 | Equal variances assumed | 3.710 | .055 | 9.861 | 274 | .000 | 1.01 | .102 | .809 | 1.213 |
| | Equal variances not assumed | | | 9.963 | 272.993 | .000 | 1.01 | .101 | .811 | 1.210 |
| B7 | Equal variances assumed | .064 | .800 | 7.344 | 274 | .000 | .84 | .114 | .614 | 1.063 |
| | Equal variances not assumed | | | 7.365 | 272.771 | .000 | .84 | .114 | .614 | 1.063 |
| B8 | Equal variances assumed | 2.212 | .138 | 11.711 | 274 | .000 | 1.13 | .097 | .942 | 1.323 |
| | Equal variances not assumed | | | 11.767 | 273.692 | .000 | 1.13 | .096 | .943 | 1.322 |
| B9 | Equal variances assumed | 20.481 | .000 | 13.594 | 274 | .000 | 1.45 | .106 | 1.236 | 1.655 |
| | Equal variances not assumed | | | 13.435 | 249.099 | .000 | 1.45 | .108 | 1.233 | 1.657 |
| B10 | Equal variances assumed | .487 | .486 | 11.422 | 274 | .000 | 1.09 | .095 | .899 | 1.274 |
| | Equal variances not assumed | | | 11.375 | 264.735 | .000 | 1.09 | .096 | .898 | 1.274 |
| B12 | Equal variances assumed | 1.772 | .184 | 8.616 | 274 | .000 | .89 | .104 | .690 | 1.098 |
| | Equal variances not assumed | | | 8.580 | 264.563 | .000 | .89 | .104 | .689 | 1.099 |
| B14 | Equal variances assumed | 2.216 | .138 | 10.477 | 274 | .000 | 1.06 | .101 | .862 | 1.261 |
| | Equal variances not assumed | | | 10.424 | 263.038 | .000 | 1.06 | .102 | .861 | 1.262 |
| B15 | Equal variances assumed | 2.332 | .128 | 10.397 | 274 | .000 | 1.12 | .108 | .906 | 1.329 |
| | Equal variances not assumed | | | 10.340 | 262.443 | .000 | 1.12 | .108 | .905 | 1.331 |
| B16 | Equal variances assumed | .584 | .445 | 10.529 | 274 | .000 | 1.06 | .100 | .859 | 1.254 |
| | Equal variances not assumed | | | 10.497 | 266.472 | .000 | 1.06 | .101 | .859 | 1.255 |

## 3.问卷a的因素分析统计表

**KMO and Bartlett's Test**

| Kaiser-Meyer-Olkin Measure of Sampling Adequacy. | | .887 |
|---|---|---|
| Bartlett's Test of Sphericity | Approx. Chi-Square | 1510.629 |
| | df | 66 |
| | Sig. | .000 |

**Communalities**

| | Initial | Extraction |
|---|---|---|
| A1 | 1.000 | .396 |
| A2 | 1.000 | .458 |
| A3 | 1.000 | .408 |
| A4 | 1.000 | .478 |
| A5 | 1.000 | .495 |
| A6 | 1.000 | .427 |
| A7 | 1.000 | .480 |
| A8 | 1.000 | .403 |
| A9 | 1.000 | .421 |
| A10 | 1.000 | .714 |
| A11 | 1.000 | .433 |
| A12 | 1.000 | .440 |

**Component Matrix**

| | Component | |
|---|---|---|
| | 1 | 2 |
| A4 | .689 | .056 |
| A7 | .673 | .164 |
| A2 | .671 | -.092 |
| A12 | .663 | -.018 |
| A9 | .648 | .017 |
| A3 | .637 | -.039 |
| A6 | .635 | .153 |
| A8 | .629 | -.085 |
| A1 | .629 | -.032 |
| A11 | .626 | -.202 |
| A10 | -.255 | .806 |
| A5 | .487 | .508 |

**Rotated Component Matrix**

| | Component | |
|---|---|---|
| | 1 | 2 |
| A4 | .690 | .034 |
| A7 | .678 | .143 |
| A2 | .668 | -.113 |
| A12 | .662 | -.039 |
| A9 | .649 | -.003 |
| A6 | .639 | .133 |
| A3 | .636 | -.059 |
| A1 | .627 | -.051 |
| A8 | .627 | -.104 |
| A11 | .619 | -.221 |
| A5 | .502 | .492 |
| A10 | -.230 | .813 |

**Total Variance Explained**

| Component | Initial Eigenvalues | | | Extraction Sums of Squared Loadings | | | Rotation Sums of Squared Loadings | | |
|---|---|---|---|---|---|---|---|---|---|
| | Total | % of Variance | Cumulative % | Total | % of Variance | Cumulative % | Total | % of Variance | Cumulative % |
| 1 | 4.533 | 37.773 | 37.773 | 4.533 | 37.773 | 37.773 | 4.529 | 37.745 | 37.745 |
| 2 | 1.020 | 8.499 | 46.271 | 1.020 | 8.499 | 46.271 | 1.023 | 8.527 | 46.271 |
| 3 | .988 | 8.234 | 54.505 | | | | | | |
| 4 | .940 | 7.833 | 62.338 | | | | | | |
| 5 | .775 | 6.458 | 68.796 | | | | | | |
| 6 | .735 | 6.124 | 74.921 | | | | | | |
| 7 | .585 | 4.874 | 79.795 | | | | | | |
| 8 | .568 | 4.736 | 84.531 | | | | | | |
| 9 | .546 | 4.550 | 89.082 | | | | | | |
| 10 | .478 | 3.980 | 93.062 | | | | | | |
| 11 | .425 | 3.539 | 96.601 | | | | | | |
| 12 | .408 | 3.399 | 100.000 | | | | | | |

Extraction Method: Principal Component Analysis.

## 4.问卷b的因素分析统计表

**KMO and Bartlett's Test**

| Kaiser-Meyer-Olkin Measure of Sampling Adequacy. | | .817 |
|---|---|---|
| Bartlett's Test of Sphericity | Approx. Chi-Square | 1016.201 |
| | df | 91 |
| | Sig. | .000 |

**Component Matrix**

| | Component | | | |
|---|---|---|---|---|
| | 1 | 2 | 3 | 4 |
| B9 | .634 | -.147 | .179 | -.132 |
| B8 | .593 | -.418 | -.047 | .050 |
| B4 | .590 | -.337 | -.185 | .158 |
| B15 | .589 | .379 | -.137 | -.312 |
| B10 | .578 | -.310 | -.233 | -.044 |
| B6 | .569 | -.263 | -.285 | .180 |
| B5 | .514 | .300 | .068 | .206 |
| B14 | .508 | -.015 | -.277 | -.421 |
| B16 | .475 | .233 | .398 | -.254 |
| B12 | .455 | .373 | .115 | -.344 |
| B1 | .334 | .480 | -.012 | .392 |
| B7 | .337 | -.109 | .585 | .056 |
| B3 | .341 | -.215 | .538 | .330 |
| B2 | .387 | .436 | -.287 | .494 |

**Communalities**

| | Initial | Extraction |
|---|---|---|
| B1 | 1.000 | .496 |
| B2 | 1.000 | .666 |
| B3 | 1.000 | .561 |
| B4 | 1.000 | .521 |
| B5 | 1.000 | .401 |
| B6 | 1.000 | .507 |
| B7 | 1.000 | .471 |
| B8 | 1.000 | .531 |
| B9 | 1.000 | .473 |
| B10 | 1.000 | .486 |
| B12 | 1.000 | .478 |
| B14 | 1.000 | .512 |
| B15 | 1.000 | .606 |
| B16 | 1.000 | .503 |

**Rotated Component Matrix**

| | Component | | | |
|---|---|---|---|---|
| | 1 | 2 | 3 | 4 |
| B4 | .697 | .035 | .137 | .124 |
| B8 | .683 | .087 | -.008 | .239 |
| B6 | .680 | .034 | -.207 | .018 |
| B10 | .673 | .177 | .023 | .024 |
| B9 | .445 | .382 | .016 | .359 |
| B15 | .209 | .698 | .263 | -.082 |
| B12 | .017 | .669 | .147 | .096 |
| B16 | .010 | .578 | .079 | .404 |
| B14 | .433 | .536 | -.063 | -.183 |
| B2 | .165 | .039 | .792 | -.102 |
| B1 | -.016 | .127 | .686 | .095 |
| B5 | .169 | .278 | .499 | .215 |
| B3 | .180 | -.097 | .118 | .711 |
| B7 | .072 | .145 | -.009 | .667 |

**Total Variance Explained**

| Component | Initial Eigenvalues | | | Extraction Sums of Squared Loadings | | | Rotation Sums of Squared Loadings | | |
|---|---|---|---|---|---|---|---|---|---|
| | Total | % of Variance | Cumulative % | Total | % of Variance | Cumulative % | Total | % of Variance | Cumulative % |
| 1 | 3.553 | 25.378 | 25.378 | 3.553 | 25.378 | 25.378 | 2.390 | 17.074 | 17.074 |
| 2 | 1.380 | 9.859 | 35.237 | 1.380 | 9.859 | 35.237 | 1.868 | 13.340 | 30.414 |
| 3 | 1.190 | 8.500 | 43.737 | 1.190 | 8.500 | 43.737 | 1.523 | 10.882 | 41.296 |
| 4 | 1.089 | 7.782 | 51.519 | 1.089 | 7.782 | 51.519 | 1.431 | 10.223 | 51.519 |
| 5 | .901 | 6.432 | 57.951 | | | | | | |
| 6 | .869 | 6.206 | 64.157 | | | | | | |
| 7 | .798 | 5.700 | 69.857 | | | | | | |
| 8 | .758 | 5.418 | 75.275 | | | | | | |
| 9 | .699 | 4.995 | 80.270 | | | | | | |
| 10 | .603 | 4.307 | 84.576 | | | | | | |
| 11 | .585 | 4.181 | 88.758 | | | | | | |
| 12 | .562 | 4.015 | 92.773 | | | | | | |
| 13 | .510 | 3.646 | 96.419 | | | | | | |
| 14 | .501 | 3.581 | 100.000 | | | | | | |

Extraction Method: Principal Component Analysis.

## 5.问卷a的信度统计分析表

RELIABILITY ANALYSIS - SCALE (ALPHA)

| | | Mean | Std Dev | Cases |
|---|---|---|---|---|
| 1. | A1 | 3.3780 | .8838 | 463.0 |
| 2. | A2 | 2.9698 | .8212 | 463.0 |
| 3. | A3 | 3.1166 | .9042 | 463.0 |
| 4. | A4 | 2.4579 | .9128 | 463.0 |
| 5. | A6 | 2.6134 | .9487 | 463.0 |
| 6. | A7 | 3.0540 | 1.0295 | 463.0 |
| 7. | A8 | 3.0432 | 1.0394 | 463.0 |
| 8. | A9 | 3.5810 | .9588 | 463.0 |
| 9. | A11 | 3.1685 | .9198 | 463.0 |
| 10. | A12 | 2.7732 | .9548 | 463.0 |

Correlation Matrix

| | A1 | A2 | A3 | A4 | A6 |
|---|---|---|---|---|---|
| A1 | 1.0000 | | | | |
| A2 | .4214 | 1.0000 | | | |
| A3 | .3727 | .4857 | 1.0000 | | |
| A4 | .3485 | .4776 | .4544 | 1.0000 | |
| A6 | .3476 | .3322 | .3252 | .4573 | 1.0000 |
| A7 | .3486 | .3245 | .2839 | .3744 | .3716 |
| A8 | .3615 | .3210 | .2756 | .3418 | .3418 |
| A9 | .3789 | .3770 | .3286 | .3285 | .3022 |
| A11 | .2623 | .3162 | .3407 | .3127 | .2981 |
| A12 | .3070 | .3473 | .3115 | .4671 | .4335 |

| | A7 | A8 | A9 | A11 | A12 |
|---|---|---|---|---|---|
| A7 | 1.0000 | | | | |
| A8 | .4206 | 1.0000 | | | |
| A9 | .4001 | .3918 | 1.0000 | | |
| A11 | .3447 | .4112 | .3968 | 1.0000 | |
| A12 | .3912 | .3785 | .3192 | .4577 | 1.0000 |

RELIABILITY ANALYSIS - SCALE (ALPHA)

N of Cases=463.0

| NofStatisticsfor | Mean | Variance | Std Dev | Variables | | |
|---|---|---|---|---|---|---|
| Scale | 30.1555 | 37.5905 | 6.1311 | 10 | | |
| Item Means | Mean | Minimum | Maximum | Range | Max/Min | Variance |
| | 3.0156 | 2.4579 | 3.5810 | 1.1231 | 1.4569 | .1134 |
| Item Variances | Mean | Minimum | Maximum | Range | Max/Min | Variance |
| | .8823 | .6744 | 1.0804 | .4060 | 1.6020 | .0150 |
| Inter-item | | | | | | |
| Correlations | Mean | Minimum | Maximum | Range | Max/Min | Variance |
| | .3642 | .2623 | .4857 | .2234 | 1.8517 | .0031 |

Item-total Statistics

| | Scale Mean if Item Deleted | Scale Variance if Item Deleted | Corrected Item-total Correlation | Squared Multiple Correlation | Alpha if Item Deleted |
|---|---|---|---|---|---|
| A1 | 26.7775 | 31.5716 | .5274 | .3057 | .8384 |
| A2 | 27.1857 | 31.6364 | .5715 | .3815 | .8352 |
| A3 | 27.0389 | 31.4271 | .5273 | .3423 | .8384 |
| A4 | 27.6976 | 30.6703 | .6021 | .4165 | .8319 |
| A6 | 27.5421 | 30.9847 | .5402 | .3212 | .8373 |
| A7 | 27.1015 | 30.2776 | .5519 | .3216 | .8365 |
| A8 | 27.1123 | 30.2384 | .5486 | .3263 | .8369 |
| A9 | 26.5745 | 30.8857 | .5429 | .3188 | .8371 |
| A11 | 26.9870 | 31.2855 | .5305 | .3334 | .8381 |
| A12 | 27.3823 | 30.5700 | .5786 | .3826 | .8338 |

Reliability Coefficients    10 items

Alpha =  .8503        Standardized item alpha =  .8514

## 6.问卷b的信度统计分析表

R E L I A B I L I T Y  A N A L Y S I S  -  S C A L E  (ALPHA)

Correlation Matrix

|     | B1 | B2 | B3 | B4 | B5 |
|-----|------|------|------|------|------|
| B1 | 1.0000 | | | | |
| B2 | .2860 | 1.0000 | | | |
| B3 | .0965 | .0586 | 1.0000 | | |
| B4 | .1221 | .1739 | .1821 | 1.0000 | |
| B5 | .1714 | .2858 | .1261 | .1749 | 1.0000 |
| B6 | .0571 | .2281 | .1226 | .3845 | .2115 |
| B7 | .0458 | .0451 | .1904 | .1375 | .1496 |
| B8 | .0806 | .1064 | .1905 | .3565 | .1831 |
| B9 | .1493 | .0651 | .2174 | .3118 | .2846 |
| B10 | .0961 | .0849 | .1755 | .3315 | .1919 |
| B12 | .1462 | .1415 | .1035 | .0788 | .2410 |
| B14 | .0636 | .1558 | .0198 | .2924 | .1087 |
| B15 | .2251 | .2259 | .0169 | .1875 | .2872 |
| B16 | .1498 | .0999 | .1910 | .1797 | .1975 |

|     | B6 | B7 | B8 | B9 | B10 |
|-----|------|------|------|------|------|
| B6 | 1.0000 | | | | |
| B7 | .1267 | 1.0000 | | | |
| B8 | .3340 | .2090 | 1.0000 | | |
| B9 | .2351 | .1988 | .3856 | 1.0000 | |
| B10 | .3580 | .0605 | .3761 | .3070 | 1.0000 |
| B12 | .1073 | .1142 | .1444 | .1899 | .2230 |
| B14 | .2106 | .0746 | .2492 | .2567 | .2424 |
| B15 | .2369 | .0995 | .1868 | .3153 | .2420 |
| B16 | .1618 | .2086 | .1093 | .2731 | .0979 |

|     | B12 | B14 | B15 | B16 |
|-----|------|------|------|------|
| B12 | 1.0000 | | | |
| B14 | .1960 | 1.0000 | | |
| B15 | .3446 | .3207 | 1.0000 | |
| B16 | .2443 | .2244 | .2888 | 1.0000 |

RELIABILITY ANALYSIS - SCALE (ALPHA)

N of Cases=463.0

| N of Statistics for | Mean | Variance | Std Dev | Variables | | |
|---|---|---|---|---|---|---|
| Scale | 46.6508 | 39.5843 | 6.2916 | 4 | | |
| Item Means | Mean | Minimum | Maximum | Range | Max/Min | Variance |
| | 3.3322 | 2.8351 | 3.6811 | .8460 | 1.2984 | .0726 |
| Item Variances | Mean | Minimum | Maximum | Range | Max/Min | Variance |
| | .8199 | .6472 | 1.0468 | .3997 | 1.6175 | .0092 |
| Inter-item | | | | | | |
| Correlations | Mean | Minimum | Maximum | Range | Max/Min | Variance |
| | .1883 | .0169 | .3856 | .3686 | 22.7725 | .0082 |

### Item-total Statistics

| | Scale Mean if Item Deleted | Scale Variance if Item Deleted | Corrected Item-Total Correlation | Squared Multiple Correlation | Alpha if Item Deleted |
|---|---|---|---|---|---|
| B1 | 43.1800 | 35.9349 | .2576 | .1344 | .7624 |
| B2 | 43.2430 | 35.3626 | .2959 | .1955 | .7591 |
| B3 | 43.2386 | 36.4516 | .2559 | .1281 | .7614 |
| B4 | 43.6182 | 34.3278 | .4497 | .2816 | .7443 |
| B5 | 43.0152 | 34.4498 | .4062 | .2092 | .7481 |
| B6 | 43.8156 | 34.4942 | .4263 | .2698 | .7464 |
| B7 | 43.0521 | 35.8842 | .2499 | .1096 | .7635 |
| B8 | 43.6898 | 34.2362 | .4500 | .2965 | .7441 |
| B9 | 43.3102 | 32.7275 | .4963 | .3063 | .7380 |
| B10 | 43.6486 | 34.5502 | .4275 | .2793 | .7464 |
| B12 | 43.1280 | 35.0118 | .3503 | .1890 | .7535 |
| B14 | 43.2278 | 34.7806 | .3721 | .2116 | .7514 |
| B15 | 43.3232 | 33.7323 | .4682 | .3009 | .7419 |
| B16 | 42.9696 | 34.5469 | .3748 | .2001 | .7512 |

Reliability Coefficients    14 items

Alpha=.7646                    Standardized item alpha=.7646

### 7.高二、高三物理前概念对学生解题心智影响的比较统计分析表

注:1表示高二年级学生,2表示高三年级学生。

(1)物理前概念对高中学生解题思维方向和起点的影响。

#### 表1 描述性统计结果

| | 分组变量 | 样本容量 | 均值 | 标准差 | 标准误差 |
|---|---|---|---|---|---|
| 成绩 | 1 | 201 | 3.100 | 0.598 | 0.042 |
| | 2 | 262 | 3.082 | 0.638 | 0.039 |

#### 表2 独立样本$T$检验结果

| | 方差齐性检验结果 | | | | 等均值$T$检验结果 | | | | |
|---|---|---|---|---|---|---|---|---|---|
| | 显著性 | | | | 双侧检验 | 均值差异 | 均值差异的标准误差 | 均值差异的95%置信区间 | |
| | $F$值 | 概率 | $T$值 | 自由度 | | | | 上限 | 下限 |
| 假设方差相等 | 0.025 | 0.874 | 0.448 | 467 | 0.655 | 0.026 | 0.056 | 0.0863 | 0.1372 |
| 假设方差不相等 | | | 0.448 | 44.321 | 0.654 | 0.026 | 0.057 | 0.0861 | 0.1370 |

(2)物理前概念对高中学生解题思维过程的影响。

#### 表3 描述性统计结果

| | 分组变量 | 样本容量 | 均值 | 标准差 | 标准误差 |
|---|---|---|---|---|---|
| 成绩 | 1 | 201 | 3.534 | 0.717 | 0.050 |
| | 2 | 262 | 3.525 | 0.718 | 0.044 |

#### 表4 独立样本$T$检验结果

| | 方差齐性检验结果 | | | | 等均值$T$检验结果 | | | | |
|---|---|---|---|---|---|---|---|---|---|
| | 显著性 | | | | 双侧检验 | 均值差异 | 均值差异的标准误差 | 均值差异的95%置信区间 | |
| | $F$值 | 概率 | $T$值 | 自由度 | | | | 上限 | 下限 |
| 假设方差相等 | 0.025 | 0.874 | 0.448 | 467 | 0.655 | 0.026 | 0.056 | 0.0863 | 0.1372 |
| 假设方差不相等 | | | 0.448 | 44.321 | 0.654 | 0.026 | 0.057 | 0.0861 | 0.1370 |

（3）物理前概念对高中学生解题思维结果的影响。

**表5　描述性统计结果**

|  | 分组变量 | 样本容量 | 均值 | 标准差 | 标准误差 |
|---|---|---|---|---|---|
| 成绩 | 1 | 201 | 3.588 | 0.596 | 0.041 |
|  | 2 | 262 | 3.578 | 0.636 | 0.039 |

**表6　独立样本$T$检验结果**

| | 方差齐性检验结果 | | 等均值$T$检验结果 | | | | | | |
|---|---|---|---|---|---|---|---|---|---|
| | 显著性 | | | | 双侧检验 | 均值差异 | 均值差异的标准误差 | 均值差异的95%置信区间 | |
| | $F$值 | 概率 | $T$值 | 自由度 | | | | 上限 | 下限 |
| 假设方差相等 | 0.021 | 0.885 | 0.135 | 467 | 0.893 | 0.009 | 0.067 | −0.12195 | 0.13997 |
| 假设方差不相等 | | | 0.135 | 442.30 | 0.893 | 0.009 | 0.067 | −0.12197 | 0.13998 |

（4）物理前概念对高中学生解题心智模式的影响。

**表7　描述性统计结果**

|  | 分组变量 | 样本容量 | 均值 | 标准差 | 标准误差 |
|---|---|---|---|---|---|
| 成绩 | 1 | 201 | 3.571 | 0.608 | 0.042 |
|  | 2 | 262 | 3.545 | 0.615 | 0.037 |

**表8　独立样本$T$检验结果**

| | 方差齐性检验结果 | | 等均值$T$检验结果 | | | | | | |
|---|---|---|---|---|---|---|---|---|---|
| | 显著性 | | | | 双侧检验 | 均值差异 | 均值差异的标准误差 | 均值差异的95%置信区间 | |
| | $F$值 | 概率 | $T$值 | 自由度 | | | | 上限 | 下限 |
| 假设方差相等 | 1.003 | 0.317 | 0.154 | 467 | 0.877 | 0.009 | 0.057 | −0.104 | 0.1220 |
| 假设方差不相等 | | | 0.156 | 453.41 | 0.876 | 0.009 | 0.057 | −0.103 | 0.1210 |

## 8.高二、高三问卷b与测试卷c成绩的相关分析统计表

表1　Correlations1

|  |  | b | c |
|---|---|---|---|
| b | Pearson Correlation | 1 | −0.461* |
|  | Sig.(2-tailed) |  | 0.000 |
|  | $N$ | 201 | 201 |
| c | Pearson Correlation | −0.461* |  |
|  | Sig.(2-tailed) | 0.000 | 1 |
|  | $N$ | 201 | 201 |

表2　Correlations2

|  |  | b | c |
|---|---|---|---|
| b | Pearson Correlation | 1 | −0.377* |
|  | Sig.(2-tailed) |  | 0.000 |
|  | $N$ | 262 | 262 |
| c | Pearson Correlation | −0.377* | 1 |
|  | Sig.(2-tailed) | 0.000 |  |
|  | $N$ | 262 | 262 |

*Correlation is significant at the 0.01level.

## 9.测试卷c中各题各选项被选择的频率统计表

**C1**

| | | Frequency | Percent | Valid Percent | Cumulative Percent |
|---|---|---|---|---|---|
| Valid | | 3 | .6 | .6 | .6 |
| | A | 156 | 33.7 | 33.7 | 34.3 |
| | B | 209 | 45.1 | 45.1 | 79.5 |
| | C | 73 | 15.8 | 15.8 | 95.2 |
| | D | 22 | 4.8 | 4.8 | 100.0 |
| | Total | 463 | 100.0 | 100.0 | |

**C2**

| | | Frequency | Percent | Valid Percent | Cumulative Percent |
|---|---|---|---|---|---|
| Valid | | 4 | .9 | .9 | .9 |
| | A | 327 | 70.6 | 70.6 | 71.5 |
| | B | 84 | 18.1 | 18.1 | 89.6 |
| | C | 26 | 5.6 | 5.6 | 95.2 |
| | D | 22 | 4.8 | 4.8 | 100.0 |
| | Total | 463 | 100.0 | 100.0 | |

**C3**

| | | Frequency | Percent | Valid Percent | Cumulative Percent |
|---|---|---|---|---|---|
| Valid | | 7 | 1.5 | 1.5 | 1.5 |
| | A | 158 | 34.1 | 34.1 | 35.6 |
| | B | 59 | 12.7 | 12.7 | 48.4 |
| | C | 230 | 49.7 | 49.7 | 98.1 |
| | D | 9 | 1.9 | 1.9 | 100.0 |
| | Total | 463 | 100.0 | 100.0 | |

**C4**

| | | Frequency | Percent | Valid Percent | Cumulative Percent |
|---|---|---|---|---|---|
| Valid | | 2 | .4 | .4 | .4 |
| | A | 373 | 80.6 | 80.6 | 81.0 |
| | B | 38 | 8.2 | 8.2 | 89.2 |
| | C | 25 | 5.4 | 5.4 | 94.6 |
| | D | 25 | 5.4 | 5.4 | 100.0 |
| | Total | 463 | 100.0 | 100.0 | |

**C5**

| | | Frequency | Percent | Valid Percent | Cumulative Percent |
|---|---|---|---|---|---|
| Valid | | 1 | .2 | .2 | .2 |
| | A | 1 | .2 | .2 | .4 |
| | B | 290 | 62.6 | 62.6 | 63.1 |
| | C | 163 | 35.2 | 35.2 | 98.3 |
| | D | 8 | 1.7 | 1.7 | 100.0 |
| | Total | 463 | 100.0 | 100.0 | |

**C6**

| | | Frequency | Percent | Valid Percent | Cumulative Percent |
|---|---|---|---|---|---|
| Valid | | 3 | .6 | .6 | .6 |
| | A | 228 | 49.2 | 49.2 | 49.9 |
| | B | 8 | 1.7 | 1.7 | 51.6 |
| | C | 212 | 45.8 | 45.8 | 97.4 |
| | D | 12 | 2.6 | 2.6 | 100.0 |
| | Total | 463 | 100.0 | 100.0 | |

**C7**

| | | Frequency | Percent | Valid Percent | Cumulative Percent |
|---|---|---|---|---|---|
| Valid | | 7 | 1.5 | 1.5 | 1.5 |
| | A | 27 | 5.8 | 5.8 | 7.3 |
| | B | 16 | 3.5 | 3.5 | 10.8 |
| | C | 75 | 16.2 | 16.2 | 27.0 |
| | D | 338 | 73.0 | 73.0 | 100.0 |
| | Total | 463 | 100.0 | 100.0 | |

**C8**

| | | Frequency | Percent | Valid Percent | Cumulative Percent |
|---|---|---|---|---|---|
| Valid | | 3 | .6 | .6 | .6 |
| | A | 266 | 57.5 | 57.5 | 58.1 |
| | B | 83 | 17.9 | 17.9 | 76.0 |
| | C | 76 | 16.4 | 16.4 | 92.4 |
| | D | 35 | 7.6 | 7.6 | 100.0 |
| | Total | 463 | 100.0 | 100.0 | |

**C9**

| | | Frequency | Percent | Valid Percent | Cumulative Percent |
|---|---|---|---|---|---|
| Valid | | 8 | 1.7 | 1.7 | 1.7 |
| | 0 | 1 | .2 | .2 | 1.9 |
| | A | 21 | 4.5 | 4.5 | 6.5 |
| | B | 332 | 71.7 | 71.7 | 78.2 |
| | C | 12 | 2.6 | 2.6 | 80.8 |
| | D | 89 | 19.2 | 19.2 | 100.0 |
| | Total | 463 | 100.0 | 100.0 | |

**C10**

| | | Frequency | Percent | Valid Percent | Cumulative Percent |
|---|---|---|---|---|---|
| Valid | | 1 | .2 | .2 | .2 |
| | A | 24 | 5.2 | 5.2 | 5.4 |
| | B | 294 | 63.5 | 63.5 | 68.9 |
| | C | 116 | 25.1 | 25.1 | 94.0 |
| | D | 28 | 6.0 | 6.0 | 100.0 |
| | Total | 463 | 100.0 | 100.0 | |

**C11**

| | | Frequency | Percent | Valid Percent | Cumulative Percent |
|---|---|---|---|---|---|
| Valid | | 11 | 2.4 | 2.4 | 2.4 |
| | A | 44 | 9.5 | 9.5 | 11.9 |
| | B | 71 | 15.3 | 15.3 | 27.2 |
| | C | 315 | 68.0 | 68.0 | 95.2 |
| | D | 22 | 4.8 | 4.8 | 100.0 |
| | Total | 463 | 100.0 | 100.0 | |

**C12**

| | | Frequency | Percent | Valid Percent | Cumulative Percent |
|---|---|---|---|---|---|
| Valid | | 4 | .9 | .9 | .9 |
| | A | 114 | 24.6 | 24.6 | 25.5 |
| | B | 111 | 24.0 | 24.0 | 49.5 |
| | C | 189 | 40.8 | 40.8 | 90.3 |
| | D | 45 | 9.7 | 9.7 | 100.0 |
| | Total | 463 | 100.0 | 100.0 | |

**C13**

| | | Frequency | Percent | Valid Percent | Cumulative Percent |
|---|---|---|---|---|---|
| Valid | | 5 | 1.1 | 1.1 | 1.1 |
| | A | 162 | 35.0 | 35.0 | 36.1 |
| | B | 112 | 24.2 | 24.2 | 60.3 |
| | C | 122 | 26.3 | 26.3 | 86.6 |
| | D | 62 | 13.4 | 13.4 | 100.0 |
| | Total | 463 | 100.0 | 100.0 | |

**C14**

| | | Frequency | Percent | Valid Percent | Cumulative Percent |
|---|---|---|---|---|---|
| Valid | | 4 | .9 | .9 | .9 |
| | A | 69 | 14.9 | 14.9 | 15.8 |
| | B | 248 | 53.6 | 53.6 | 69.3 |
| | C | 26 | 5.6 | 5.6 | 74.9 |
| | D | 116 | 25.1 | 25.1 | 100.0 |
| | Total | 463 | 100.0 | 100.0 | |

**C15**

| | | Frequency | Percent | Valid Percent | Cumulative Percent |
|---|---|---|---|---|---|
| Valid | | 2 | .4 | .4 | .4 |
| | A | 45 | 9.7 | 9.7 | 10.2 |
| | B | 21 | 4.5 | 4.5 | 14.7 |
| | C | 242 | 52.3 | 52.3 | 67.0 |
| | D | 153 | 33.0 | 33.0 | 100.0 |
| | Total | 463 | 100.0 | 100.0 | |

**C16**

| | | Frequency | Percent | Valid Percent | Cumulative Percent |
|---|---|---|---|---|---|
| Valid | | 6 | 1.3 | 1.3 | 1.3 |
| | A | 104 | 22.5 | 22.5 | 23.8 |
| | B | 42 | 9.1 | 9.1 | 32.8 |
| | C | 151 | 32.6 | 32.6 | 65.4 |
| | D | 160 | 34.6 | 34.6 | 100.0 |
| | Total | 463 | 100.0 | 100.0 | |

**C17**

| | | Frequency | Percent | Valid Percent | Cumulative Percent |
|---|---|---|---|---|---|
| Valid | | 7 | 1.5 | 1.5 | 1.5 |
| | A | 59 | 12.7 | 12.7 | 14.3 |
| | B | 177 | 38.2 | 38.2 | 52.5 |
| | C | 83 | 17.9 | 17.9 | 70.4 |
| | D | 137 | 29.6 | 29.6 | 100.0 |
| | Total | 463 | 100.0 | 100.0 | |

**C18**

| | | Frequency | Percent | Valid Percent | Cumulative Percent |
|---|---|---|---|---|---|
| Valid | | 8 | 1.7 | 1.7 | 1.7 |
| | A | 31 | 6.7 | 6.7 | 8.4 |
| | B | 52 | 11.2 | 11.2 | 19.7 |
| | C | 55 | 11.9 | 11.9 | 31.5 |
| | D | 317 | 68.5 | 68.5 | 100.0 |
| | Total | 463 | 100.0 | 100.0 | |

**C19**

| | | Frequency | Percent | Valid Percent | Cumulative Percent |
|---|---|---|---|---|---|
| Valid | | 4 | .9 | .9 | .9 |
| | A | 19 | 4.1 | 4.1 | 5.0 |
| | B | 31 | 6.7 | 6.7 | 11.7 |
| | C | 203 | 43.8 | 43.8 | 55.5 |
| | D | 206 | 44.5 | 44.5 | 100.0 |
| | Total | 463 | 100.0 | 100.0 | |

**C20**

| | | Frequency | Percent | Valid Percent | Cumulative Percent |
|---|---|---|---|---|---|
| Valid | | 21 | 4.5 | 4.5 | 4.5 |
| | A | 47 | 10.2 | 10.2 | 14.7 |
| | B | 108 | 23.3 | 23.3 | 38.0 |
| | C | 109 | 23.5 | 23.5 | 61.6 |
| | D | 178 | 38.4 | 38.4 | 100.0 |
| | Total | 463 | 100.0 | 100.0 | |

10.优秀生与中等及以下的学生上课注意力 a1、解题时间 A3、学习态度 a、物理前概念对解题心智影响 b 比较统计分析表

注:分组 1 表示每个班级 40 名以下的学生,分组 2 表示每个班级前 20 名的学生。

(1)学生上课注意力 a1。

**表1  描述性统计结果**

| 分组变量 | 样本容量 | 均值 | 标准差 | 标准误差 |
|---|---|---|---|---|
| a1 | 1 | 101 | 2.812 | 0.902 | 0.090 |
|  | 2 | 125 | 3.776 | 0.694 | 0.062 |

**表2  独立样本 $T$ 检验结果**

| | 方差齐性检验结果 | | 等均值 $T$ 检验结果 | | | | | | |
|---|---|---|---|---|---|---|---|---|---|
| | 显著性 | | | | 双侧检验 | 均值差异 | 均值差异的标准误差 | 均值差异的95%置信区间 | |
| | $F$ 值 | 概率 | $T$ 值 | 自由度 | | | | 上限 | 下限 |
| 假设方差相等 | 6.290 | 0.013 | −9.078 | 224 | 0.000 | −0.964 | 0.106 | 1.173 | −0.755 |
| 假设方差不相等 | | | −8.832 | 184.45 | 0.000 | −0.964 | 0.109 | 1.179 | −0.748 |

(2)解题时间 A3。

**表3  描述性统计结果**

| 分组变量 | 样本容量 | 均值 | 标准差 | 标准误差 |
|---|---|---|---|---|
| A3 | 1 | 101 | 2.74 | 0.976 | 0.097 |
|  | 2 | 125 | 3.45 | 0.828 | 0.074 |

**表4  独立样本 $T$ 检验结果**

| | 方差齐性检验结果 | | 等均值 $T$ 检验结果 | | | | | | |
|---|---|---|---|---|---|---|---|---|---|
| | 显著性 | | | | 双侧检验 | 均值差异 | 均值差异的标准误差 | 均值差异的95%置信区间 | |
| | $F$ 值 | 概率 | $T$ 值 | 自由度 | | | | 上限 | 下限 |
| 假设方差相等 | 1.343 | 0.248 | −5.878 | 224 | 0.000 | −0.71 | 0.120 | −0.942 | −0.469 |
| 假设方差不相等 | | | −5.776 | 96.424 | 0.000 | −0.71 | 0.122 | −0.946 | −0.465 |

(3)学习态度a。

**表5　描述性统计结果**

| | 分组变量 | 样本容量 | 均值 | 标准差 | 标准误差 |
|---|---|---|---|---|---|
| a | 1 | 101 | 25.941 | 5.236 | 0.524 |
| | 2 | 125 | 31.832 | 5.176 | 0.463 |

**表6　独立样本T检验结果**

| | 方差齐性检验结果 | | 等均值T检验结果 | | | | | | |
|---|---|---|---|---|---|---|---|---|---|
| | 显著性 | | | | 双侧检验 | 均值差异 | 均值差异的标准误差 | 均值差异的95%置信区间 | |
| | F值 | 概率 | T值 | 自由度 | | | | 上限 | 下限 |
| 假设方差相等 | 0.237 | 0.627 | −8.464 | 224 | 0.000 | 5.891 | 0.696 | 2.631 | 5.197 |
| 假设方差不相等 | | | −8.453 | 3.104 | 0.000 | 5.891 | 0.697 | 2.652 | 5.176 |

(4)物理前概念对解题心智影响b。

**表7　描述性统计结果**

| | 分组变量 | 样本容量 | 均值 | 标准差 | 标准误差 |
|---|---|---|---|---|---|
| b | 1 | 101 | 43.71 | 6.221 | 0.619 |
| | 2 | 125 | 45.51 | 6.034 | 0.540 |

**表8　独立样本T检验结果**

| | 方差齐性检验结果 | | 等均值T检验结果 | | | | | | |
|---|---|---|---|---|---|---|---|---|---|
| | 显著性 | | | | 双侧检验 | 均值差异 | 均值差异的标准误差 | 均值差异的95%置信区间 | |
| | F值 | 概率 | T值 | 自由度 | | | | 上限 | 下限 |
| 假设方差相等 | 0.054 | 0.817 | −2.198 | 224 | 0.029 | −1.799 | 0.818 | −3.412 | −0.186 |
| 假设方差不相等 | | | −2.192 | 211.3 | 0.030 | −1.799 | 0.821 | −3.418 | −0.180 |

# 参考文献

［1］张行涛,郭东岐.新世纪教师素养［M］.北京:首都师范大学出版社,2003.

［2］朱慕菊.走进新课程与课程实施者对话［M］.北京:北京师范大学出版社,2002.

［3］张小静.高中力学前概念及其转变的实验研究［D］.石家庄:河北师范大学,2007.

［4］程传满,余兰山,肖发新.物理前概念及其教学策略［J］.高等函授学报(自然科学版),2003,16(6):18－20.

［5］张绍宏.心智学［M］.石家庄:河北人民出版社,2000.

［6］吕晓俊.组织中员工心智模式的理论与实证研究［D］.上海:华东师范大学,2002.

［7］吴庆麟.认知教学心理学［M］.上海:上海科学技术出版社,2000.

［8］卢家楣.学习心理与教学——理论和实践［M］.上海:上海教育出版社,2009.

［9］丛立新,曾琦.国内概念教学的研究现状及意义［J］.教育科学研究,2006(4):34－36

［10］罗莎琳德·德赖弗,埃迪特·格娜,安德烈·蒂贝吉思.科学概念——学生是怎样理解的［M］.胡珍仁,陈忠义,译.郑州:河南教育出版社,1990.

［11］丛立新,史磊,吕旭其.物理前概念及干预教学实验研究总报告［J］.教育研究与实验,2007(2):60－63.

［12］廖伯琴,黄希庭.大学生解决物理问题的表征层次的实验研究［J］.心理科学,1997,20(6):494－498,574.

［13］周新林.西蒙解题策略观述评［J］.湖北大学学报(哲学社会科学版),

1992(5):74－79.

[14]郑青岳,谢凯.物理解题理论[M].郑州:大象出版社,1996.

[15]杜岸政.高中物理解题思维策略探索及应用现状研究[D].南京:南京师范大学,2006.

[16]梁树森.物理学习论[M].南宁:广西教育出版社,1996.

[17]王兴举.怎样教会学生解物理题[J].课程·教材·教法,1994(4):47－50.

[18]吕晓俊.心智模型的阐释:结构·过程与影响[M].上海:上海人民出版社,2008.

[19]金洪源.学科学习困难的诊断与辅导[M].上海:上海教育出版社,2004.

[20]张庆林.当代认知心理学在教学中的应用——如何教会学生学会学习和思维[M].重庆:西南师范大学出版社,1995.

[21]约翰·D.布兰思特,安·L.布朗,罗德尼·R.科金.人是如何学习的——大脑、心理、经验及学校[M].程可拉,孙亚玲,王旭卿,译.上海:华东师范大学出版社,2002.

[22]皮连生.智育心理学[M].北京:人民教育出版社,2008.

[23]吴伟,王新星.美国学生物理概念研究的发展[J].课程·教材·教法,2008,28(2):82－86.

[24]刘胜华.物理教学中转变前概念、建构科学概念的策略[J].物理教师,2009,30(8):9－12.

[25]杭国荣,胡生青.例析从认知心理学分析学生的犯错[J].中学物理,2009(19):50－51.

[26]高玉祥.认知心理学[M].沈阳:辽宁大学出版社,2000.

# 后　记

　　我是2005年通过选聘走上教研员工作岗位的,在这之前在学校工作了22年,教授过初高中物理,担任过教研组长。粉笔的摩擦,书页的翻卷,解题技巧的总结,在教书的岁月中流转着。在教学过程中,对经验现象的描述多于对理论的探讨,支离破碎的感悟多于缜密的思考。

　　走上教研员这个岗位,对我来说是个全新的领域。作为一名基层教研员,如何定位? 这个问题始终萦绕在我心中。带着这个问题,我虚心向老教研员学习,努力学习新课程标准,学习专家有关新课程的论述以及试验区的经验介绍,并经常深入课堂听课,和一线教师交流课改中的成功和不足。通过交流,我发现大部分教师对于这次新课程改革思想都较为活跃,但也较为混乱。换句话说,课程改革的理念促进了物理教学质量的提高,但由于认识不到位,也带来了某种干扰。

　　作为一名基层教研员,主要面对农村中小学教师。我们这些教师所在的学校大多规模较小,教育信息相对闭塞,教育资源相对匮乏。受多种因素的影响,教师的培训、观摩的机会也较少,教师们大多独自投身于新课程的教学实践中,在教学过程中遇到了困惑也都独自想办法解决,他们大都不习惯和其他教师交流,也不可能及时得到教育专家的指导。因此,基层教研员要通过自身的努力,使自己具有较高的教育研究设计能力,一定的组织协调能力;要通过示范课、观摩课、教学视导、开放周等形式,引领当地学科的教学方向,培养青年教师的教学思想与教学风气等。

　　课题研究是促进教师专业成长的有效途径,是教师专业化成长的阶梯,也是教育研究的一个抓手。基于这一点,我们采用了起点较高的方式,先申请了一个省级教研课题。这是我县的第一个省级教研课题,受到了省教科研规划办的高度重视。后来,经过几年的潜心研究,我们首次获得了省课题成果奖。

以后又陆续地做了两个省级课题,都获得了省优秀教科研成果奖。更为重要的是,一大批教师参与了课题研究,已成为本学科的领军人物。吴能平老师就是其中的佼佼者,几年中,他迅速成长为名师、市学科带头人。同时,在该课题研究的带动下,全县掀起了教科研的热潮,几乎所有学校都申请了课题,很多老师参与了其中,这为促进全县教科研的发展,起到了引领、示范的作用。

本书基于省级课题"物理前概念对高中学生解题心智影响的研究"的研究成果,由陈庆军、吴能平两位老师从纷繁的课题研究材料中,遴选、加工而成。由于我们的水平有限,研究的范围只限于本县的几所学校,书中难免存在不足,衷心欢迎专家、同行批评指正。

回顾自己的教研生涯,一路走来,风雨兼程,能有今天的成绩,需要感激的人很多。既要感谢课题组全体成员的辛勤付出,他们在课题研究的前期做了大量的工作,课题组成员有于基兵、陶泰寅、徐英勇、方根宝、刘安才、丁开田、任腊梅、傅兰芳;还要感谢博望区教育局、当涂县教育局教研室、丹阳中学、当涂一中、当涂二中的领导和老师,他们对本课题的研究给予了大力支持和帮助。

仅就本书的出版而言,特别感谢当涂县教育局领导的大力支持。愿本书的出版起到抛砖引玉的作用,使我县的教科研氛围更加浓厚,大批名师如雨后春笋般涌现,带动我县教育质量稳步上升。

陈庆军

2017年10月